法律常识
一本全

FALüCHANGSHI YIBEN QUAN

春之霖 ——— 编 著

江西美术出版社
全国百佳出版单位

图书在版编目（CIP）数据

法律常识一本全 / 春之霖编著 . -- 南昌：
江西美术出版社，2017.7（2021.3 重印）
ISBN 978-7-5480-5437-5

Ⅰ.①法… Ⅱ.①春… Ⅲ.①法律—基本知识—中国
Ⅳ.① D920.5

中国版本图书馆 CIP 数据核字 (2017) 第 112565 号

法律常识一本全　　春之霖　编著

出版：江西美术出版社
社址：南昌市子安路 66 号 邮编：330025
电话：010-62707370
发行：010-88893001
印刷：三河市铭浩彩色印装有限公司
版次：2017 年 10 月第 1 版　2021 年 1 月第 2 版
印次：2021 年 3 月第 15 次印刷
开本：880mm×1230mm 1/32
印张：8
书号：ISBN 978-7-5480-5437-5
定价：35.00 元

前　言

　　法律常识是我们必知的，跟日常生活、工作和权益密切相关的法律知识，是我们应该且必须具备的基本常识。了解一些基本的法律常识，也就是我们通常所说的"懂法"，我们才能明确哪些行为是合法的、哪些行为是违法的、哪些权利是受保护的、哪些责任是必须承担的，从而规范行为，明白生活，理智处事，合法维权。

　　在法治时代，法律常识是大众生活的"日常必需品"，因为法律已经渗透到了我们日常生活中的各个方面。衣食住行、理财消费、生老病死、教育就业、创业投资、借贷租赁、写作发明、邻里关系，无不处在法律的规范之下；男女老少、官商工农、开车族、蜗居族，每个人的言语、行为都受到法律的约束和保护。懂法，便眼明心亮，能洞察社会上的大事小情，懂得规避风险，在涉及各类纠纷时依法维护切身利益，在社会中生活得游刃有余。如今，"有理走遍天下"的说法已经行不通了，只有懂法才能走遍天下。当你帮他人照看的物品丢失，你需要赔偿时；当你好心把钱借给邻居，几年后却被邻居告知这钱不用再还时，你是否大吃一惊？是否感到有理无处诉？……如果你不掌握人生必备的法律常识，你终将为自己的无知埋单。

　　不懂法律常识，会在工作、生活中埋下很多隐患，甚至发生非常严重的后果。官员不懂法，则玩忽职守，贪污受贿；老板不懂法，则经营风险陡增，企业前途断送；企业员工不懂法，则自身权益得不到保障；青少年不懂法，则容易莽撞行事，酿成悲剧……不懂法就如同"盲人骑瞎马，夜半临深渊"，小则丧失钱物，大则危及生命安全；不懂法也可能会让我们掉入他人设置的陷阱，越过合法行为的边界，受到法律制裁。我们常说"不知者不为过"，

但情容法不容，一旦触及法律，这句话并不能成为免责的依据和理由，因为法院宣判是"以事实为依据，以法律为准绳"的。

总之，懂法，才能增强法律意识，才能守法用法，以法护身；不懂法，则法律意识淡薄，容易以身触法，害已害人。一段"普法三字经"说得好："不懂法，害处大；如盲人，骑瞎马；学法规，长知识；心明亮，走天下。"对于处在现代社会的每一个人而言，不但应学习法律常识，还应像意大利18世纪著名的法理学家切萨雷·贝卡利亚所说的那样，让法律的力量跟随着我们，就像影子跟随着身体一样，时刻约束并指导我们的行为，让法律变成我们的生活方式。

为了帮助读者轻松掌握日常必知必备的法律常识，《法律常识一本全》汇总了与我们的生活息息相关的诸多法律常识，通过"案例""法律解析""法条链接"3个板块，对我们在婚姻家庭、遗产继承、合同纠纷、物业纠纷、房屋买卖租赁、交通事故、医疗事故、工伤赔偿、消费理财、诉讼程序等方面经常遇到的法律问题进行解答，使我们快速、便捷地找到法律上的解决办法，成功运用法律这一武器维护我们的合法权益，是个人、家庭、企业必备的法律工具书。

目录
CONTENTS

法律常识一本全

民法典颁布后新旧法衔接要点

民法典被称为"民权保护之母"，主要在于保护公民的民事权利，是保障人民私权的基本法。先后经过了五次编纂，内容涵盖了近年来社会上讨论较多的话题及存在较大争议的内容。无论是生老病死、衣食住行、家庭婚姻，还是消费借贷、生产生活等方面的问题，每个人终其一生，都能从里面找到答案。

民法典共7编，依次为总则编、物权编、合同编、人格权编、婚姻家庭编、继承编、侵权责任编。它出台之后，部分现行的相关法律将同时废止，包括《中华人民共和国婚姻法》《中华人民共和国继承法》《中华人民共和国民法通则》《中华人民共和国收养法》《中华人民共和国担保法》《中华人民共和国合同法》《中华人民共和国物权法》《中华人民共和国侵权责任法》《中华人民共和国民法总则》，共9部法律。可谓是一法出，九法废。

不过民法典虽然内容规范系统，但却不是对现存9部法律的所有内容都作了修改。从理解学习民法典的角度而言，以前的案例仍旧具有教育意义。民法典在相当程度上保持了与现行民事法律的稳定性和延续性，避免了因民法典的实施给司法实践带来过大的冲击和不适。据统计，民法典1260个条文中，保留条文占36.3%，新增条文占11.7%，实质性修改条文占19.5%，非实质性修改条文占32.5%。而真正作出实质性修改的内容，我们特此在下面列出部分要点，帮助读者更加便捷地了解到这些重要的改动，以期读者在面临相应情况时能够做出正确的应对。

一、总则编

第一编"总则"规定民事活动必须遵循的基本原则和一般性规则，统领民法典各分编。第一编基本保持现行民法总则的结构和内容不变，根据法典编纂体系化要求对个别条款作了文字修改，并将"附则"部分移到民法典草案的最后。

要点一：将"弘扬社会主义核心价值观"作为一项重要立法目的。

要点二：确立了平等、自愿、公平、诚信、守法和公序良俗等民法基本原则。

要点三：将绿色原则确立为民法的基本原则。

要点四：胎儿有权利继承遗产、接受赠与等。

涉及遗产继承、接受赠与等胎儿利益保护的，胎儿视为具有民事权利能力。但是，胎儿娩出时为死体的，其民事权利能力自始不存在。

二、物权编

物权是民事主体依法享有的重要财产权。物权法律制度调整因物的归属和利用而产生的民事关系，是最重要的民事基本制度之一。第二编"物权"在现行物权法的基础上，按照党中央提出的完善产权保护制度，健全归属清晰、权责明确、保护严格、流转顺畅的现代产权制度的要求，结合现实需要，进一步完善了物权法律制度。

要点一：加强对建筑物业主权利的保护。适当降低业主作出决议的门槛，明确共有部分产生的收益属于业主共有。

要点二：明确地方政府有关部门、居民委员会应当对设立业主大会和选举业主委员会给予指导和协助。

要点三：增加规定紧急情况下使用维修资金的特别程序。

要点四：建筑物及其附属设施的维修资金的筹集、使用情况应当定期公布。

三、合同编

合同制度是市场经济的基本法律制度。第三编"合同"在现行合同法的基础上，贯彻全面深化改革的精神，坚持维护契约、平等交换、公平竞争，促进商品和要素自由流动，完善合同制度。

要点一：依法成立的合同，受法律保护。

要点二：完善电子合同订立规则，增加了预约合同的具体规定，完善了格式条款制度等合同订立制度。

要点三：完善国家订货合同制度。

规定国家根据抢险救灾、疫情防控或者其他需要下达国家订货任务、指令性计划的，有关民事主体之间应当依照有关法律、行政法规规定的权利和义务订立合同。

要点四：增加规定情势变更制度。

四、人格权编

人格权是民事主体对其特定的人格利益享有的权利，关系到每个人的人格尊严，是民事主体最基本的权利。第四编"人格权"在现行有关法律法规和司法解释的基础上，从民事法律规范的角度规定自然人和其他民事主体人格权的内容、边界和保护方式，不涉及公民政治、社会等方面的权利。

要点一：规定"性骚扰"认定标准，即违背他人意愿，以言语、文字、图像、肢体行为等方式对他人实施性骚扰的，受害人有权依法请求行为人承担民事责任。

要点二：规定机关、企业、学校等单位防止和制止性骚扰的义务。

要点三：规定人格权不得放弃、转让或者继承。

要点四：规定了对死者人格利益的保护。

死者的姓名、肖像、名誉、荣誉、隐私、遗体等受到侵害的，其配偶、子女、父母有权依法请求行为人承担民事责任；死者没有配偶、子女且父母已经死亡的，其他近亲属有权依法请求行为人承担民事责任。

五、婚姻家庭编

婚姻家庭制度是规范夫妻关系和家庭关系的基本准则。第五编"婚姻家庭"以现行婚姻法、收养法为基础，在坚持婚姻自由、一夫一妻等基本原则的前提下，结合社会发展需要，修改完善了部分规定，并增加了新的规定。

要点一：规定"婚姻家庭受国家保护"。

要点二："树立优良家风，弘扬家庭美德，重视家庭文明建设"入法。

要点三：取消实行计划生育相关条文。

要点四：界定"亲属""近亲属""家庭成员"的范围。

六、继承编

继承制度是关于自然人死亡后财富传承的基本制度。第六编"继承"在现行继承法的基础上，修改完善了继承制度，以满足人民群众处理遗产的现实需要。

要点一：增加规定相互有继承关系的数人在同一事件中死亡，且难以确定死亡时间的继承规则。

要点二：完善对继承人的宽恕制度。

要点三：完善代位继承制度，即侄女、侄子、外甥、外甥女，可以代位继承。

要点四：增加打印、录像等新的遗嘱形式。

七、侵权责任编

侵权责任是民事主体侵害他人权益应当承担的法律后果。第七编"侵权责任"在总结实践经验的基础上，针对侵权领域出现的新情况，吸收借鉴司法解释的有关规定，对侵权责任制度作了必要的补充和完善。

要点一：确立"自甘风险"规则。

规定自愿参加具有一定风险的文体活动，因其他参加者的行为受到损害的，受害人不得请求没有故意或者重大过失的其他参加者承担侵权责任。

要点二：规定"自助行为"制度。

要点三："营养费""住院伙食补助费"明确列为人身损害赔偿项目。

要点四：完善精神损害赔偿制度。

规定因故意或者重大过失侵害自然人具有人身意义的特定物造成严重精神损害的，被侵权人有权请求精神损害赔偿。

宪法篇

保障公民权利与义务的无敌法王

平等权

"男性优先"是否合法

【案例】

某公司招聘项目经理，经过严格的初试、笔试和面试，综合测试下来，林小姐名列第一，张先生第二，但是最终录取的却是张先生。林小姐找到公司负责人讨要说法，负责人则称此项目经理职位男性优先，林小姐不能接受此说法，认为该公司侵犯了其平等权。那么，该公司所称的"男性优先"是否合法？

【法律解析】

根据《中华人民共和国宪法》（以下简称《宪法》）第三十三条的规定，中华人民共和国公民在法律面前一律平等。该公司所称的"男性优先"是不合法的。项目经理并不属于对性别有特殊要求的"不适合妇女的工种"，该公司以"男性优先"对公民以区别对待，明显是对女性的歧视，该公司的说法侵犯了林小姐的平等权。

【法条链接】

《宪法》第三十三条 凡具有中华人民共和国国籍的人都是中华人民共和国公民。

中华人民共和国公民在法律面前一律平等。

……

《中华人民共和国劳动法》（以下简称《劳动法》）第十三条 妇女享有与男子平等的就业权利。在录用职工时，除国家规定的不适合妇女的工种或者岗位外，不得以性别为由拒绝录用妇女或者提高对妇女的录用标准。

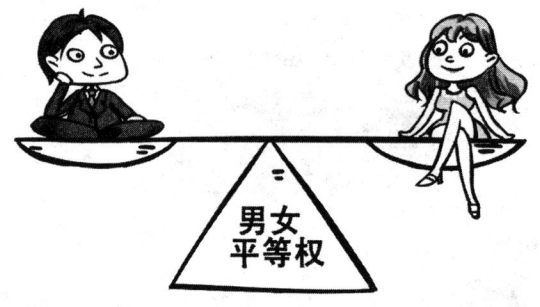

公民住宅权

为追查丢失物品，就能随便搜查公民的住宅吗

【案例】

某村村委会丢失了一台办公用计算机，为尽快查个水落石出，村党支部书记林某召开了党支部及村民委员会会议。在林某的建议下，会议决定，对全村进行普遍搜查。于是林某召集村中10名年轻人，在他的带领下，挨家挨户地搜查每个村民家庭。请问，村党支部书记林某带人搜查村民家的行为符合法律规定吗？

【法律解析】

林某的行为，触犯了《宪法》的有关规定，侵犯了公民的住宅权，应当承担相应的法律责任。《宪法》规定，公民的住宅不受侵犯。搜查是公安机关、人民检察院在办理刑事案件过程中采取的一种侦查措施，其必须按照法律规定的程序进行。林某虽身为村党支部书记，但他无权侵入公民的住宅并实施搜查行为。

【法条链接】

《宪法》第三十九条　中华人民共和国公民的住宅不受侵犯。禁止非法搜查或者非法侵入公民的住宅。

非法侵入他人家中需承担责任吗

【案例】

小宫是一家私企职工，女友小兰与其分手之后，小宫一直对其纠缠不休。后来，小宫听说小兰有了新男友并与之同居，不禁又气又恨，为索"情债"，小宫跑到小兰家，小兰开门后见是小宫，拒绝让他进入，小宫强行进入小兰屋内，小兰一直要求其离开，小宫就是赖着不走。无奈之下，小兰只好拨打110求助。那么，小宫的行为合法吗？

【法律解析】

小宫的行为触犯了《宪法》第三十九条"公民的住宅不受侵犯"的规定，小兰拒绝小宫进入时，小宫强行进入，并且在小兰一直要求其离开的情况下，小宫依然不肯离开，侵犯了小兰的住宅权，小宫应承担相应的责任。

【法条链接】

《宪法》第三十九条 中华人民共和国公民的住宅不受侵犯。禁止非法搜查或者非法侵入公民的住宅。

选举权和被选举权

具备怎样的条件才有选举权和被选举权

【案例】

某村马上就要进行换届选举了，上初中的小强（14岁）曾听老师说过公民具有选举权和被选举权。因此，小强非常想知道，自己能否参加选举。到底具备什么条件才有选举权和被选举权呢？

【法律解析】

《宪法》第三十四条规定，中华人民共和国年满十八周岁的公民，不分民族、种族、性别、职业、家庭出身、宗教信仰、教育程度、财产状况和居住期限，都有选举权和被选举权；但是依照法律被剥夺政治权利的人除外。因为小强只有14岁，不符合年龄规定，所以无法取得选举权和被选举权。

【法条链接】

《宪法》第三十四条 中华人民共和国年满十八周岁的公民，不分民族、种族、性别、职业、家庭出身、宗教信仰、教育程度、财产状况、居住期限，都有选举权和被选举权；但是依照法律被剥夺政治权利的人除外。

人权与人身自由权

什么是人格尊严

【案例】

孙女士去一超市购物，当其离开该店时，店门口警报器一直在鸣响。于是，该店一女保安员上前阻拦孙女士，并将孙女士强行带入保安室，女保安用手提电子探测器对其全身进行检查，还要求孙女士脱去裤子接受检查。孙女士拒绝无效，在女保安及另一女文员在场的情况下，被迫脱裤接受检查，然而女保安并未在孙女士身上搜出任何物品。后来孙女士将女保安告上法庭，认为其侵犯了她的人格尊严。那么，什么是人格尊严呢？

【法律解析】

人格尊严是公民对自身和他人的人格价值的认识和尊重，它要求公民尊重他人的价值，同时也要求他人尊重自己的价值，从而使公民能够作为与他人平等的社会成员而与他人进行正常的交往。人格尊严是和个人的存在相伴随的，它是不可剥夺的，即便是因为违法犯罪而受到制裁的公民，其人格尊严同样应该受到尊重，而不能受到侮辱。

【法条链接】

《宪法》第三十八条　中华人民共和国公民的人格尊严不受侵犯。禁止用任何方法对公民进行侮辱、诽谤和诬告陷害。

《中华人民共和国民法通则》（以下简称《民法通则》）第一百零一条　公民、法人享有名誉权，公民的人格尊严受法律保护，禁止用侮辱、诽谤等方式损害公民、法人的名誉。

宗教信仰自由

拜佛求神属于宗教信仰吗

【案例】

村民龚某身体一直不好，听朋友说某寺庙的菩萨很灵验，于是去该庙拜佛求神，希望可以借助菩萨的保佑，恢复自己的健康。请问，他这是信仰宗教吗?

【法律解析】

不是,这是搞封建迷信的行为。我国保护正常的宗教活动,而且禁止任何人利用宗教进行破坏社会秩序、损害公民身体健康、妨碍国家教育制度的活动。现实生活中,我们应正确区分宗教信仰和封建迷信。宗教与封建迷信有明显的区别。宗教不仅是一种特定形式的思想信仰,而且还是一种一定形态的文化现象。而封建迷信主要是指那些迷信职业者利用封建社会遗留下来的巫术,进行装神弄鬼、妖言惑众、骗钱害人的活动。

【法条链接】

《宪法》第三十六条 中华人民共和国公民有宗教信仰自由。

任何国家机关、社会团体和个人不得强制公民信仰宗教或者不信仰宗教,不得歧视信仰宗教的公民和不信仰宗教的公民。

国家保护正常的宗教活动。任何人不得利用宗教进行破坏社会秩序、损害公民身体健康、妨碍国家教育制度的活动。

宗教团体和宗教事务不受外国势力的支配。

受教育的权利与义务

接受义务教育仅仅是公民的权利吗

【案例】

在社会上一些不良现象的影响下，有的家长形成了"读书无用论"的思想，他们认为孩子花钱读书，即使能考上中专、大学，也找不到工作，跳不出农门，孩子还不如不读书，趁早打工赚钱。还有学生家长认为，接受教育是孩子的权利，孩子可以放弃此项权利。请问，接受义务教育仅仅是公民的权利吗？

【法律解析】

接受义务教育不仅是公民的权利，也是公民必须履行的义务。义务教育是国家统一实施的所有适龄儿童、少年必须接受的教育，是国家必须予以保障的公益性事业。适龄儿童、少年的父母或者其他法定监护人应当依法保证其按时入学接受并完成义务教育。

【法条链接】

《宪法》第四十六条 中华人民共和国公民有受教育的权利和义务。

国家培养青年、少年、儿童在品德、智力、体质等方面全面发展。

《中华人民共和国义务教育法》（以下简称《义务教育法》）第二条第二款 义务教育是国家统一实施的所有适龄儿童、少年必须接受的教育，是国家必须予以保障的公益性事业。

第四条 凡具有中华人民共和国国籍的适龄儿童、少年，不分性别、民族、种族、家庭财产状况、宗教信仰等，依法享有平等接受义务教育的权利，并履行接受义务教育的义务。

女大学生在校怀孕，学校能将其开除吗

【案例】

某高校大三女生吴某因与男友同居而怀孕。此事被学校知道后，校领导认为此事严重影响了学校声誉，于是责令吴某及其男友写出深刻检查，后又以吴某对错误认识不到位、严肃校纪为由对吴某作出勒令退学的处罚。请问，女大学生在校期间怀孕，学校有权将其开除吗？

【法律解析】

受教育权是《宪法》赋予公民的一项基本权利。法律没有规定在校期间怀孕就要被剥夺受教育权，因此，在本案中，学校可以对吴某及其男友进行惩戒，但却无权以严肃校纪、校规为由，勒令她退学，否则就侵犯了公民的受教育权。

另外，根据我国《高等学校学生行为准则》和《普通高等学校学生管理规定》的相关内容，大学生在校期间不仅可以享有性权利，而且还可以结婚。因此，女大学生在校期间怀孕的，学校不能将其开除。

【法条链接】

《宪法》第四十六条第一款 中华人民共和国公民有受教育的权利和义务。

《普通高等学校学生管理规定》第五十四条 学校给予学生处分，应当坚持教育与惩戒相结合，与学生违法、违纪行为的性质和过错的严重程度相适应。学校对学生的处分，应当做到证据充分、依据明确、定性准确、程序正当、处分适当。

通信自由权

为了解思想动向，老师能拆看学生的私人信件吗

【案例】

某省级示范学校高三班主任程某因担心学生早恋会影响学习成绩，对学生的日常举动严加监视。她以了解学生的思想动向为由，经常私自拆看学生的信件，甚至还将学生的大多数信件扣留，不转交给学生本人。班主任程某的这种行为合法吗？

【法律解析】

程某的行为不合法，侵犯了《宪法》赋予公民的通信自由权。通信是人们日常生活中不可缺少的联系方法，通信自由是公民的一项基本的民主权利，因此《宪法》规定保护公民的通信自由和通信秘密。隐匿、毁弃、非法开拆他人信件都是对公民民主权利的侵犯，即使是老师，也无权对学生的信件私自拆看或者扣留。侵犯他人通信自由与通信秘密情节严重构成犯罪的，还应承担相应的刑事责任。

【法条链接】

《宪法》第四十条　中华人民共和国公民的通信自由和通信秘密受法律的保护。除因国家安全或者追查刑事犯罪的需要，由公安机关或者检察机关依照法律规定的程序对通信进行检查外，任何组织或者个人不得以任何理由侵犯公民的通信自由和通信秘密。

《中华人民共和国刑法》（以下简称《刑法》）第二百五十二条　隐匿、毁弃或者非法开拆他人信件，侵犯公民通信自由权利，情节严重的，处一年以下有期徒刑或者拘役。

私藏女友信件，是否侵犯了女友的通信自由权

【案例】

小军一直很介意女友小婷和其前男友阿江保持联系，尽管阿江和他们并不在同一个城市，只是节日时互致祝福卡，小军也很不高兴。一次，小婷在小军的书里发现一张去年阿江寄给自己的生日贺卡，于是质问小军为什么一直没有交给自己。小军称去年阿江寄贺卡给小婷，自己从物业处经过时看到就替小婷取了回来，但是小军认为小婷不应再和阿江保持联系，才会将信件扣押，这没有什么不对。小婷很是生气，觉得自己的通信自由权受到了侵犯。

【法律解析】

根据《宪法》第四十条的规定，公民的通信自由和通信秘密受法律的保护。而本案中，小军私藏小婷的信件，侵犯了小婷的通信自由权。

【法条链接】

《宪法》第四十条　中华人民共和国公民的通信自由和通信秘密受法律的保护。除因国家安全或者追查刑事犯罪的需要，由公安机关或者检察机关依照法律规定的程序对通信进行检查外，任何组织或者个人不得以任何理由侵犯公民的通信自由和通信秘密。

妇女权益保护

丈夫虐待妻子，妻子应该怎么办

【案例】

钢铁厂职工胡某与某中学老师李某是夫妻。胡某是个大男子主义思想极其严重的人，他一直用"三从四德"的一套来管束妻子，不但要求妻子工资、奖金全部交给他，而且每日还要为他做饭、炒菜、打理家务，稍不如意便恶语相向，李某稍有争辩，胡某就对其拳脚相加。妻子李某受不了丈夫胡某的虐待，她应该怎么办？

【法律解析】

丈夫胡某的行为已经违反了我国法律的相关规定，侵犯了李某在家庭中的平等权及人身权利。李某为了维护自身权益，可以向胡某所在单位和其他组织反映情况，要求对胡某进行批评教育。如果胡某虐待妻子的手段和情节恶劣，李某还可以向人民法院提出刑事自诉，要求对胡某的行为进行制裁，也可以向法院提出离婚的诉讼请求，人民法院将根据有关法律规定，作出切实保障妇女权益的判决和调解。

【法条链接】

《宪法》第四十八条第一款 中华人民共和国妇女在政治的、经济的、文化的、社会的和家庭的生活等各方面享有同男子平等的权利。

丈夫不同意妻子人工流产怎么办

【案例】

小丹在一家公司做职业模特，两年前结婚的时候，丈夫就提出要个孩子，但是小丹希望过几年再要，以免影响自己的职业发展。现在，小丹终于怀孕了，丈夫和婆婆都很高兴，但是小丹偷偷瞒着丈夫和婆婆到医院做了流产，丈夫知道后，认为医院在没有征得自己同意的情况下，就为妻子做了流产手术，应承担赔偿责任。

【法律解析】

　　《中华人民共和国妇女权益保障法》（以下简称《妇女权益保障法》）第五十一条第一款规定，妇女有按照国家有关规定生育子女的权利，也有不生育的自由。这是我国法律给予妇女的特殊保护，妇女自行终止妊娠的这项人身权利，有权独立行使，不需要经过丈夫同意。医院根据妻子的要求，为其实施流产手术，是履行正常的医疗职责，因此，医院的行为没有过错，医院不应承担任何赔偿责任。

【法条链接】

　　《宪法》第四十九条　婚姻、家庭、母亲和儿童受国家的保护。

　　夫妻双方有实行计划生育的义务。

　　……

　　《妇女权益保障法》第五十一条第一款　妇女有按照国家有关规定生育子女的权利，也有不生育的自由。

未成年人权益保护

学生上课不认真，老师能体罚吗

【案例】

　　上小学三年级的小军非常调皮，上数学课期间经常不认真听课，还主动和其他同学讲话。数学老师很是头疼，批评了小军多次，但小军仍是如此。一怒之下，数学老师罚小军去操场外面站立。请问老师能体罚学生吗？

【法律解析】

　　学生上课不认真，老师可以批评，但不能体罚，对此，我国多部法律都作出了明确规定。如《中华人民共和国未成年人保护法》（以下简称《未成年人保护法》）第四条、第二十七条规定，学校、幼儿园的教职员工应当尊重未成年人人格尊严，不得对未成年人实施体罚、变相体罚或者其他侮辱人格尊严的行为。学校、幼儿园的教职员工对未成年人实施体罚或者变相体罚，情节严重的，由其所在单位或者上级机关给予行政处分。老师体罚学生造成严重后果，构成犯罪的，追究其刑事责任。

【法条链接】

《未成年人保护法》第四条 保护未成年人，应当坚持最有利于未成年人的原则。处理涉及未成年人事项，应当符合下列要求：

（一）给予未成年人特殊、优先保护；

（二）尊重未成年人人格尊严；

（三）保护未成年人隐私权和个人信息；

（四）适应未成年人身心健康发展的规律和特点；

（五）听取未成年人的意见；

（六）保护与教育相结合。

第二十七条 学校、幼儿园的教职员工应当尊重未成年人人格尊严，不得对未成年人实施体罚、变相体罚或者其他侮辱人格尊严的行为。

未成年学生旷课、逃学，学校应怎么处理

【案例】

五年级学生小海学习成绩较差，每次考试都不及格，他觉得自己在同学面前抬不起头，于是产生了厌学的心理。有一段时间，他经常逃学，独自一人去校园外面玩。后来小海逃学的事被学校知道了，请问学校应该怎么处理？

【法律解析】

学校应该尽快和未成年学生小海的监护人取得联系。为了保护未成年人的利益，《中华人民共和国预防未成年人犯罪法》（以下简称《预防未成年人犯罪法》）第十六条规定，中小学生旷课的，学校应当及时与其父母或者其他监护人取得联系。未成年人擅自外出夜不归宿的，其父母或者其他监护人、其所在的寄宿制学校应当及时查找，或者向公安机关请求帮助。收留夜不归宿的未成年人的，应当征得其父母或者其他监护人的同意，或者在24小时内及时通知其父母或者其他监护人、所在学校或者及时向公安机关报告。

【法条链接】

《预防未成年人犯罪法》第十六条 中小学生旷课的，学校应当及时与其父母或者其他监护人取得联系。

未成年人擅自外出夜不归宿的，其父母或者其他监护人、其所在的寄宿

制学校应当及时查找，或者向公安机关请求帮助。收留夜不归宿的未成年人的，应当征得其父母或者其他监护人的同意，或者在二十四小时内及时通知其父母或者其他监护人、所在学校或者及时向公安机关报告。

未成年人能否进入娱乐场所

【案例】

暑假期间，8岁的小明来到表姐家玩。一天，表姐的几个大学同学来邀请表姐去舞厅跳舞，小明听到后，也想跟着表姐一起去，可是表姐告诉他，未成年人是不可以进入娱乐场所的。请问小明能进入舞厅玩耍吗？

【法律解析】

不可以。禁止未成年人进入娱乐场所，是为了保护他们的身心健康。根据《未成年人保护法》的有关规定，营业性歌舞娱乐场所、互联网上网服务营业场所等不适宜未成年人活动的场所，不得允许未成年人进入。否则，文化行政管理部门可以给予警告、停业整顿、没收违法所得或罚款的处罚；情节严重的，工商行政部门可以吊销其营业执照。

【法条链接】

《未成年人保护法》第五十八条 学校、幼儿园周边不得设置营业性娱乐场所、酒吧、互联网上网服务营业场所等不适宜未成年人活动的场所。营业性歌舞娱乐场所、酒吧、互联网上网服务营业场所等不适宜未成年人活动场所的经营者，不得允许未成年人进入；游艺娱乐场所设置的电子游戏设备，除国家法定节假日外，不得向未成年人提供。经营者应当在显著位置设置未成年人禁入、限入标志；对难以判明是否是未成年人的，应当要求其出示身份证件。

公民的基本义务

政府处罚不愿服兵役者是否合法

【案例】

20岁的男子秦某是2008年冬季征兵的应征公民，入伍应征体检及政治审查都合格。但他听别人说当兵很苦，因此不愿服兵役，并于同年12月外出，从而逃避了服兵役。为此，秦某所在县政府征兵办公室根据有关法规，对他作出"给予一次性罚款1500元""劳动部门两年内不予以开具招工证明，乡政府、村民委员会3年内不安排其进乡、村办企业工作"的处罚。请问，县政府征兵办公室对秦某的处罚决定合法吗？

【法律解析】

县政府征兵办公室对秦某作出的处罚决定是符合法律规定的。服兵役是我国公民的宪法性义务，每个适龄青年都应依法服兵役，履行自己的神圣义务。秦某作为适龄青年，身体合格，政治审查也合格，但因为怕吃苦而逃避服兵役。这一行为是对《宪法》的破坏，必须受到严厉的惩处。

【法条链接】

《宪法》第五十五条 保卫祖国、抵抗侵略是中华人民共和国每一个公民的神圣职责。

依照法律服兵役和参加民兵组织是中华人民共和国公民的光荣义务。

《中华人民共和国兵役法》（以下简称《兵役法》）第三条第一款 中华人民共和国公民，不分民族、种族、职业、家庭出身、宗教信仰和教育程度，都有义务依照本法的规定服兵役。

第六十六条 有服兵役义务的公民有下列行为之一的，由县级人民政府责令限期改正；逾期不改的，由县级人民政府强制其履行兵役义务，并可以处以罚款：

（一）拒绝、逃避兵役登记和体格检查的；

（二）应征公民拒绝、逃避征集的；

（三）预备役人员拒绝、逃避参加军事训练、执行军事勤务和征召的。

有前款第二项行为，拒不改正的，不得录用为公务员或者参照公务员法管理的工作人员，两年内不得出国（境）或者升学。

国防生违反培养协议规定，不履行相应义务的，依法承担违约责任，根据情节，由所在学校作退学等处理；毕业后拒绝服现役的，依法承担违约责任，并依照本条第二款的规定处理。

战时有本条第一款第二项、第三项或者第三款行为，构成犯罪的，依法追究刑事责任。

公民为什么要向国家纳税

【案例】

2006年，某著名歌星因涉嫌偷税漏税被公安机关正式逮捕。由于有一部分明星偷税漏税，北京一些重点城区地税局的所得税科都有一本明星纳税档案，以对演艺界的高收入人群进行重点监控，同时对公众普及纳税知识，举办有关纳税知识的讲座，在这些讲座上常能看到一些大腕儿明星认真听课的身影，普通公众及明星依法纳税的意识得到了提高。那么，公民为什么要向国家纳税呢？

【法律解析】

税收是国家为了实现其职能，依照《宪法》和法律规定，向企业事业单位和公民个人无偿地取得财政收入的一种手段。我国《宪法》规定，公民有依法纳税的义务。《刑法》中也专门规定了涉税的犯罪，同时，国家还制定了一系列有关税收征收管理的法律，以保障税收征管的顺利进行。税收的本质是无偿性的、强制性的；其用途是"取之于民，用之于民"。偷逃税款的行为不但违反了《宪法》所规定的基本义务，且其实质是侵吞公众财产，扰乱正常经济秩序，践踏公平竞争原则，因此要受到法律的严惩。

【法条链接】

《宪法》第五十六条 中华人民共和国公民有依照法律纳税的义务。

民事权益篇

民事权益与民事活动

公民民事权利能力与民事行为能力

"住所"和"居所"是一回事吗

【案例】

楚某原户籍所在地是北京市，2005年楚某从北京市迁出，迁往上海市，在去户籍登记处的路上发生了车祸，后住院半年。出院后，楚某在上海市一朋友家休养一年，未办理任何登记手续。身体康复后他又前往深圳打工，并依法在深圳办理了暂住证，居住期限为六个月。现在楚某决定为自己购买一份保险，那么他的法定住所一栏应如何填写呢？

【法律解析】

楚某仍应依照自己在北京市的户籍所在地地址填写。我国法律规定公民的法定住所地以户籍所在地为准，经常居住地与住所不一致，应以经常居住地为准。所谓经常居住地，是指公民离开住所地最后连续居住一年以上的地方，住医院治病的除外。司法解释规定，公民由其户籍所在地迁出后至迁入另一地之前，无经常居住地的，仍以其原户籍所在地为住所。本案中因为楚某在上海一年期间没有办理任何登记手续，所以不能视上海为其经常居住地。综上所述，由于楚某从北京迁出后并没有经常居住地，所以其法定住所仍应以北京的户籍所在地地址为准。

【法条链接】

《民法通则》第十五条 公民以他的户籍所在地的居住地为住所，经常居住地与住所不一致的，经常居住地视为住所。

《最高人民法院关于贯彻执行〈中华人民共和国民法通则〉若干问题的意见（试行）》（以下简称《民法通则意见》）第九条 公民离开住所地最后连续居住1年以上的地方，为经常居住地。但住医院治疗的除外。

公民由其户籍所在地迁出后至迁入另一地之前，无经常居住地的，仍以其原户籍所在地为住所。

对婴儿出生日期有异议，以什么为准

【案例】

眼看毛毛的周岁生日就要到了，可妈妈却对毛毛的法定出生日期到底是哪一天犯了嘀咕。医院出具的出生证明上记载的是6月5日，可在毛毛的户口本上登记的却是6月4日。那么，毛毛的法定出生日期到底应以哪个为准？

【法律解析】

毛毛的法定出生日期应以出生证明上记载的日期为准。根据我国有关法律的规定，自然人的出生时间和死亡时间，以出生证明、死亡证明记载的时间为准；没有出生证明、死亡证明的，以户籍登记或者其他有效身份登记记载的时间为准。有其他证据足以推翻以上记载时间的，以该证据证明的时间为准。由此可知，认定婴儿出生日期的标准首先为出生证明。本案中，毛毛的出生证明上记载的日期是6月5日，那么，就应认定这一天为毛毛的法定出生日期。

【法条链接】

《中华人民共和国民法总则》（以下简称《民法总则》）第十五条 自然人的出生时间和死亡时间，以出生证明、死亡证明记载的时间为准；没有出生证明、死亡证明的，以户籍登记或者其他有效身份登记记载的时间为准。有其他证据足以推翻以上记载时间的，以该证据证明的时间为准。

5岁的孩子具有民事权利吗

【案例】

小杰家境颇好，2009年6月10日是小杰5岁的生日，为了庆祝这一喜庆的日子，家里每个人都准备了丰厚的礼物。爸爸为小杰购买了人身意外保险，妈妈为小杰购买了一把小提琴，而爷爷用自己的养老金以小杰的名义购买了一套商品房作为生日礼物。请问，小杰能作为买卖合同的当事人购买商品房吗？

【法律解析】

小杰可以成为买卖合同的当事人。因为能否成为合同的当事人，涉及的是权利能力的法律范畴，而不是行为能力的法律关系。我国法律规定公民从出生到生命终止都具有民事权利能力，依法享有民事权利。因此5岁的小杰具有民事权利能力，也依法享有民事权利。法律还规定公民的民事权利能力一律平等。也就是说，公民的民事权利不因年龄大小而发生改变。在本案中，不管小杰是5岁还是50岁，或者是100岁，他都享有民事权利能力，可以依法行使自己的民事权利。

【法条链接】

《民法通则》第九条 公民从出生时起到死亡时止，具有民事权利能力，依法享有民事权利，承担民事义务。

第十条 公民的民事权利能力一律平等。

7岁的孩子有权接受奖金吗

【案例】

方小姐饲养的一只牧羊犬近日走失，为了尽快找到爱犬，方小姐在电视和报纸上发表寻狗启事：本人丢失牧羊犬一只，有知其下落或者将其送回者将重赏人民币1000元。7岁的小明在放学回家的路上遇到此犬，并将其送还方小姐。方小姐见小明还是个孩子，便以小明是无民事行为能力人无权获得奖励为由拒绝支付奖金。那么，7岁的小明真的无权接受奖金吗？

【法律解析】

小明有权获得奖金。虽然我国法律规定了无民事行为能力人不能亲自实施法律行为，但同时法律也规定了无民事行为能力人、限制民事行为能力人接受奖励、赠与、报酬，他人不得以行为人无民事行为能力、限制民事行为能力为由，主张其行为无效。也就是说，本案中小明虽然不能亲自实施法律行为，但这并不能成为方小姐拒付奖金的理由，因为启事中所说的1000元符合法律条文中的报酬，因此据此可以认定小明有权利获得1000元的奖金。

【法条链接】

《民法通则意见》第六条 无民事行为能力人、限制民事行为能力人接受奖

他人不得以行为人无民事行为能力为由限制民事行为人接受奖励

励、赠与、报酬，他人不得以行为人无民事行为能力、限制民事行为能力为由，主张以上行为无效。

16周岁少年的交易行为有效吗

【案例】

赵某在过16周岁生日时收到了爷爷奶奶给的8000元红包，赵某很高兴，遂拿着钱自己去商场购买了一台心仪已久的价值8000元的笔记本电脑，后来被赵某父母发现，他们要求赵某将电脑退回，赵某不从。其父母于是拿着笔记本电脑返回商场，以赵某是未成年人为由要求退货。那么，赵某的行为到底是否有效呢？

【法律解析】

赵某买电脑的行为属于法律规定的"效力待定"行为。效力待定是指行为成立时，是有效还是无效尚不能确定，还待以后一定事实的发生来确定其效力的民事行为。具体到本案中，赵某购买笔记本电脑的行为是在其16周岁生日的当天，可见，赵某并不能视为完全民事行为能力人。限制民事行为能力人订立的合同，经法定代理人追认后，该合同有效。也就是说，赵某买笔记本电脑的行为须经其父母追认后才能确定为有效。

【法条链接】

《民法总则》第十七条　十八周岁以上的自然人为成年人。不满十八周岁的自然人为未成年人。

第十九条　八周岁以上的未成年人为限制民事行为能力人，实施民事法律行为由其法定代理人代理或者经其法定代理人同意、追认，但是可以独立实施纯获利益的民事法律行为或者与其年龄、智力相适应的民事法律行为。

《中华人民共和国合同法》（以下简称《合同法》）第四十七条　限制民事行为能力人订立的合同，经法定代理人追认后，该合同有效，但纯获利益的合同或者与其年龄、智力、精神健康状况相适应而订立的合同，不必经法定代理人追认。

相对人可以催告法定代理人在一个月内予以追认。法定代理人未作表示的，视为拒绝追认。合同被追认之前，善意相对人有撤销的权利。撤销应当以通知的方式作出。

未满18周岁的少年打伤人，自己要承担责任吗

【案例】

17岁少年吴某自幼丧母，很早便辍学参加工作，现在他每月的收入不但能养活自己，还能接济家里。一天，吴某与同事冯某发生口角，因冯某辱骂吴某是没娘的孩子没有教养，吴某气愤之下将冯某打成重伤。冯某为此花费医疗费用1万元。冯某出院后能否向吴某要求赔偿自己的医疗费用？

【法律解析】

冯某可以向吴某要求其赔偿自己的损失。《民法通则》规定完全民事行为能力人侵权应承担民事责任。完全民事行为能力人的构成要件之一是能以自己的劳动收入为主要生活来源。本案中吴某不但能以自己的劳动收入为主要生活来源，且能接济家里，应视为完全民事行为能力人。完全民事行为能力人给他人造成侵害的，应当承担民事责任。所以吴某给冯某造成的损失应由其自行承担责任。

【法条链接】

《民法通则》第十一条第二款 十六周岁以上不满十八周岁的公民，以自己的劳动收入为主要生活来源的，视为完全民事行为能力人。

父亲必须偿还儿子欠下的债务吗

【案例】

李某与周某是好朋友。一日，李某逛街时看上一款手机，因身上没带钱，便从同行的周某处借了1500元，并写下借条。后来，李某因犯罪被判处有期徒刑6年。周某遂拿着李某写的借条向李某的父亲讨债。请问，李某的父亲是否应替儿子偿还债务呢？

【法律解析】

李某的父亲可以不替儿子偿还债务。我国法律规定：18周岁以上的公民是成年人，可以独立进行民事活动，是完全民事行为能力人。完全民事行为能力人可以以自己的行为依法确定、变更和废止民事法律关系，并承担其后果。本案中，李某是具有完全民事行为能力的人，并且其所借款项的用途与其父无关，那么，他与周某的借贷民事法律关系仅对李、周两人有约束力。也就是说，只有借债的人，才有还债的法定义务，与其他人无关，所以李某的父亲可

以不替儿子偿还债务。

【法条链接】

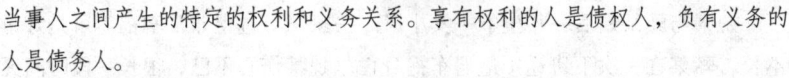

《民法通则》第十一条第一款 十八周岁以上的公民是成年人，具有完全民事行为能力，可以独立进行民事活动，是完全民事行为能力人。

第八十四条 债是按照合同的约定或者依照法律的规定，在当事人之间产生的特定的权利和义务关系。享有权利的人是债权人，负有义务的人是债务人。

债权人有权要求债务人按照合同的约定或者依照法律的规定履行义务。

监护

单亲父母无力抚养孩子，能将孩子送人吗

【案例】

小红的父亲因病早逝，母亲身体状况也很差，根本没有能力抚养小红。小红的母亲只好将其送给家境殷实且无子女的远房亲戚收养，很快到民政部门办了收养手续。小红的爷爷知道后非常生气，认为自家的孙女未经其允许就给了别人，于是向法院起诉小红的母亲，称自己也是小红的监护人，其母办的收养手续无效，请求依法取回自己对小红的监护权。那么，小红爷爷的请求会得到法院的支持吗？

【法律解析】

小红爷爷的请求无法得到法院的支持。根据我国有关法律规定，夫妻一方死亡后，另一方如果没有能力抚养子女将其送给他人收养，而收养方对子女的健康成长无不利，且又办理合法的收养手续的，其收养关系成立。其他有监护资格的人不得以收养未经其同意主张收养关系无效。本案中，小红的父亲早逝，母亲又无能力抚养小红才将其送给他人收养，且收养的家庭没有对其健康成长不利，又

办理了合法的收养手续。因此，小红的母亲将小红送给他人收养的行为有效，小红的爷爷无权干涉。

【法条链接】

《民法通则意见》第二十三条　夫妻一方死亡后，另一方将子女送给他人收养，如收养对子女的健康成长并无不利，又办了合法收养手续的，认定收养关系成立；其他有监护资格的人不得以收养未经其同意而主张收养关系无效。

亲生父亲能被剥夺监护权吗

【案例】

魏某与甄某婚后一年生下一女小凤。一家三口过得非常幸福。可是好景不长，甄某在一次下班途中遭遇车祸身亡。魏某伤心不已，很长一段时间无法正常生活，不得已将小凤送到岳母家。经过一年多的调整，魏某渐渐找到了生活的勇气，他决定给女儿小凤更多的爱，让她不致因失去母亲而缺少更多的爱。但当他去岳母家接小凤回家时，岳母却称自己也是小凤的监护人，也有能力抚养小凤，让魏某以后不要再管了。魏某岳母的做法合法吗？

【法律解析】

魏某岳母的行为侵犯了魏某的权利，需要承担相应的民事责任。我国法律规定未成年人的父母是未成年人的监护人。只有出现监护权被剥夺、移转或者消灭，监护权才终止。但剥夺监护权只能由人民法院依法律程序进行，监护权的移转也需要监护人将监护权交他人行使，监护权的消灭只有未成年子女成年或死亡才能成立。本案中魏某是小凤的法定监护人，且充分履行了监护人的职责，不存在法律规定的任何除外情形，所以其岳母无权不让魏某抚养自己的女儿。

【法条链接】

《民法通则》第十六条第一款　未成年人的父母是未成年人的监护人。

第十八条第二款　监护人依法履行监护的权利，受法律保护。

离婚后，父母该如何行使对孩子的监护权

【案例】

女孩芳芳4岁时父母因生活琐事经常吵架，最终导致离婚。法院判定，芳芳跟随母亲生活，父亲按时给芳芳生活费。但离婚后芳芳的母亲就搬离了原来的生活

住处，也没有通知前夫。芳芳的父亲思女心切，几经打听终于找到她们母女，但芳芳的母亲拒绝让前夫见女儿，还声称如果前夫再骚扰她们，她就报警。芳芳的爸爸很是苦恼，他能否见到自己心爱的女儿？

【法律解析】

　　芳芳的爸爸可以见到自己的女儿。我国法律规定，父母是未成年人的法定监护人，依法享有监护权。父母分居或离异，其监护人的资格不受影响。也就是说，与子女共同生活的一方无权取消对方对子女的监护权。除非一方对子女有犯罪行为、虐待行为或者对子女有明显不利的，可以由人民法院取消其监护权。本案中，芳芳的爸爸是芳芳的监护人之一，依法享有监护权，他没有虐待孩子或者明显对其不利的行为，所以芳芳的母亲无权拒绝前夫探视女儿。

【法条链接】

　　《民法通则》第十六条第一款　未成年人的父母是未成年人的监护人。

　　《民法通则意见》第二十一条　夫妻离婚后，与子女共同生活的一方无权取消对方对该子女的监护权；但是，未与该子女共同生活的一方，对该子女有犯罪行为、虐待行为或者对该子女明显不利的，人民法院认为可以取消的除外。

　　《中华人民共和国婚姻法》（以下简称《婚姻法》）第三十八条第一款　离婚后，不直接抚养子女的父或母，有探望子女的权利，另一方有协助的义务。

未成年人致人损伤的，由谁承担责任

【案例】

陈某11岁的儿子小军活泼好动，常常惹出一些麻烦。星期天下午，小军在小区内与小伙伴一起玩，不小心将伙伴小鹏推倒在地，造成小鹏小腿擦伤，送到医院治疗。后来，小鹏的家长找到陈某，说要告小军。陈某觉得莫名其妙，小军才11岁，告他没有法律依据，小军无须承担责任。陈某的理由成立吗？

【法律解析】

陈某的理由不成立。依据法律规定，被监护人造成他人损害的，由监护人承担民事责任。本案中，小军将小鹏推倒导致其受伤的行为，造成了小鹏的人身伤害，侵害了小鹏的人身利益。根据"侵害公民身体造成伤害的，应当赔偿医疗费、因误工减少的收入、残废者生活补助费等费用；造成死亡的，并应当支付丧葬费、死者生前扶养的人必要的生活费等费用"这一法律规定，小军应对小鹏的身体伤害赔偿医疗费用。但因为小军属于限制民事行为能力人，无力承担民事责任，所以按照相关司法解释的规定，应由其父陈某承担民事责任。

【法条链接】

《民法通则》第一百一十九条 侵害公民身体造成伤害的，应当赔偿医疗费、因误工减少的收入、残废者生活补助费等费用；造成死亡的，并应当支付丧葬费、死者生前扶养的人必要的生活费等费用。

《民法通则意见》第一百五十九条 被监护人造成他人损害的，有明确的监护人时，由监护人承担民事责任；监护人不明确的，由顺序在前的有监护能力的人承担民事责任。

受委托照管未成年人，需要承担未成年人致人损害的赔偿责任吗

【案例】

小明的爸爸妈妈因工作需要出国学习半年。在他们出国之前，爸爸妈妈将8岁的小明委托给亲戚孙某照管，并就委托责任进行了约定。在孙某照管期间，一次小明和小伙伴阿毛发生打斗，阿毛受伤。阿毛的父母后来找到孙某，要求其承担赔偿责任。孙某感到很无辜，理由是自己并不是小明的监护人，只是代为看管。请问这种情况，孙某需要承担赔偿责任吗？

【法律解析】

需要视具体情况而定。《民法通则意见》第二十二条规定，监护人可以将监护职责部分或者全部委托给他人。因被监护人的侵权行为需要承担民事责任的，应当由监护人承担，但另有约定的除外；被委托人确有过错的，负连带责任。本案中，小明的爸爸和孙某就其委托责任另行约定，可视为全部委托。所以，孙某就此事应承担赔偿责任。

【法条链接】

《民法通则意见》第二十二条　监护人可以将监护职责部分或者全部委托给他人。因被监护人的侵权行为需要承担民事责任的，应当由监护人承担，但另有约定的除外；被委托人确有过错的，负连带责任。

父母可以随意处分未成年子女的财产吗

【案例】

过年时，亲戚们给12岁的小芳红包总计有1000多元，小芳的爸爸要求小芳将这些钱交给他保管。后来，小芳的爸爸在与朋友赌博时，输掉了其中1000元。小芳爸爸的做法对吗？父母可以随意处分未成年子女的财产吗？

【法律解析】

小芳爸爸的做法不对，父母不可以随意处分未成年子女的财产。根据《民法通则》第十八条第一款的规定，未成年人的父母或者其他监护人可以保管并保护未成年人的财产，其使用或处分该财产必须对未成年人有利。因此，父母不可以随意使用未成年人的财产，更不可以将未成年人的财产赠送他人、出售或者作其他对未成年人不利的处分。

【法条链接】

《民法通则》第十八条第一款　监护人应当履行监护职责，保护被监护人的人身、财产及其他合法权益，除为被监护人的利益外，不得处理被监护人的财产。

学生在校期间发生意外，学校需要负责吗

【案例】

9岁的小海是某小学三年级的学生。一天下午，体育老师带领全班同学在操场上做游戏。游戏过程中，顽皮的小海不小心撞在一个玩具器材上，造成

眉骨破裂，住院治疗去医药费用2000元。小海的父母认为小海是在学校受的伤，理应由学校承担由此造成的损失，学校则以校方没有责任为由，拒绝承担责任。学校真的不需要负责吗？

【法律解析】

学校应该为此事负责。小海是未成年人，按照法律规定属于无民事行为能力人，他的行为需要监护。我国法律也规定了监护人对未成年人的人身、财产和其他合法权益有监督和保护的义务。具体到本案中，小海如果在家，其父母是他的法定监护人，而他在学校受到了伤害，此时学校就与小海的父母形成了代理监护关系，体育老师就是他的具体监护人。法律规定监护人不履行监护职责或侵害被监护人的合法权益的应当承担责任，给被监护人造成损失的，应当赔偿损失。所以学校应当承担责任，学校承担责任后，如果体育老师有过失，学校可以向体育老师追偿。

【法条链接】

《民法通则》第十八条第一款 监护人应当履行监护职责，保护被监护人的人身、财产及其他合法权益，除为被监护人的利益外，不得处理被监护人的财产。

《民法通则意见》第一百六十条 在幼儿园、学校生活、学习的无民事行为能力人或者在精神病院治疗的精神病人，受到伤害或者给他人造成损害，单位有过错的，可以责令这些单位适当给予赔偿。

父母可以任意支配孩子的存款吗

【案例】

6岁的小青父母离异，她与母亲一起生活，父亲每月给小青800元生活费，并将一笔10万元的存款以小青的名义存入银行，以备女儿急需。小青母亲生活并不宽裕，因此不时地从小青的账户中支取一些钱贴补生活。请问，小青的母亲可以任意支配小青的存款吗？

【法律解析】

小青的母亲无权支配小青的存款。未成年人的父母是未成年人的监护人，监护人应当履行监护职责，保护被监护人的人身、财产及其他合法权益，除为了被监护人的利益外，不得处理被监护人的财产。本案中，小青父亲的法定监护人身份不受婚姻关系的影响，对小青一样具有监护权。而小青的母亲擅自支取小青存款的行为，不仅侵害了小青的合法权益，也侵犯了前夫的监护权，所以她应该归还前夫为小青准备的存款。

【法条链接】

《民法通则》第十八条第一款　监护人应当履行监护职责，保护被监护人的人身、财产及其他合法权益，除为被监护人的利益外，不得处理被监护人的财产。

合伙与法人

法人和法人代表应该如何理解

【案例】

李某是某乡镇企业的法人代表，李某在以该企业法人的名义与朋友蒋某合作经营的过程中，由于自身原因给蒋某造成了经济上的损失，蒋某要求李某承担民事责任，李某却以自己不是法人为由拒绝。到底谁应为蒋某的损失承担责任呢？

【法律解析】

作为法人代表的李某所在企业应当承担责任。法人是具有民事权利能力和民事行为能力，依法独立享有民事权利和承担民事义务的组织，而法人代表则是依照法律或者法人组织章程规定，代表法人行使职权的负责人。由此可见，法人是一种组织，而法人代表则是代表这个组织行使职权的自然人。也就是说，有法人才会有法人代表，当然，没有法人代表的法人也是不存在的。按照我国《民法通则》的规定，企业法人应当对它的法定代表人的经营活动承担民事责任。所以，本案中，李某在经营中给蒋某造成的损失，应由该法人即该案例中的乡镇企业承担民事责任。

【法条链接】

《民法通则》第三十六条　法人是具有民事权利能力和民事行为能力，依法独立享有民事权利和承担民事义务的组织。

法人的民事权利能力和民事行为能力，从法人成立时产生，到法人终止时消灭。

第三十八条　依照法律或者法人组织章程规定，代表法人行使职权的负责人，是法人的法定代表人。

第四十三条　企业法人对它的法定代表人和其他工作人员的经营活动，承担民事责任。

《民法通则意见》第五十八条　企业法人的法定代表人和其他工作人员，以法人名义从事的经营活动，给他人造成经济损失的，企业法人应当承担民事责任。

夫妻合伙承包经营的，妻子应该承担亡夫的债务吗

【案例】

村民杨某承包了一个小型林场，其妻谢某也参与经营，经营所得收益除用于家庭生活外，其余都存了起来。2008年，杨某因林场火灾意外身亡。杨某生前为经营林场曾向朋友刘某借款10万元。现在杨某已经死亡，刘某要求谢某偿还债务，但遭到谢某拒绝。请问，谢某是否应替亡夫还债？

【法律解析】

谢某应该偿还欠款。本案中，杨某与其妻谢某共同经营林场，收益用于家庭生活，其债务依法也应以家庭财产承担。我国法律规定，以家庭共有财产承担责任的，应保留家庭成员的生活必需品和必要生产工具。所以，谢某应在保留家庭成员的生活必需品和必要的生产工具后，依法承担债务，偿还丈夫杨某的欠款。

【法条链接】

《民法通则》第二十九条 个体工商户、农村承包经营户的债务，个人经营的，以个人财产承担；家庭经营的，以家庭财产承担。

《民法通则意见》第四十四条 个体工商户、农村承包经营户的债务，如以其家庭共有财产承担责任时，应当保留家庭成员的生活必需品和必要的生产工具。

人身权

死人还有名誉权吗

【案例】

耿某的父亲曾是中共地下党员，参加过抗日战争和解放战争，多次荣立战功。新中国成立后因伤病缠身，在"文革"期间去世。2002年，李某在某报发表文章，捏造事实称耿某的父亲在抗日战争时曾叛变投敌，在"文革"期间畏罪自杀。该文发表后，给耿某及其家人的生活带来了极大影响，耿某母亲因不堪承受如此打击导致精神错乱，使本来平静的家庭生活变得一塌糊涂。无奈，耿某找到李某理论，李某不予理会。那么，耿某应该怎么办呢？

【法律解析】

李某的行为侵害了耿某父亲的名誉权。耿某及其家人，作为其近亲属，可以向法院提起诉讼，要求李某承担相应的民事责任。根据我国有关法律规定，公民、法人享有名誉权，公民的人格尊严受法律保护，禁止用侮辱、诽谤等方式损害公民、法人的名誉。本案中的李某，故意捏造事实，给耿某及其家人生活上带来重大影响，其行为属于以诽谤方式损害耿某父亲的名誉，同时间接损害了耿某及其家人的名誉。虽然我国法律规定民事权利始于公民出生，终于死亡，但名誉作为社会对某一主体的评价，不会因主体死亡而消灭，其名誉依然受法律保护。所以李某侵犯耿某父亲名誉的行为，应依法承担相应的民事责任。

【法条链接】

《民法通则》第一百零一条　公民、法人享有名誉权，公民的人格尊严受法律保护，禁止用侮辱、诽谤等方式损害公民、法人的名誉。

《最高人民法院关于确定民事侵权精神损害赔偿责任若干问题的解释》（以下简称《精神损害赔偿解释》）第三条　自然人死亡后，其近亲属因下列侵权行为遭受精神痛苦，向人民法院起诉请求赔偿精神损害的，人民法院应当依法予以受理：

（一）以侮辱、诽谤、贬损、丑化或者违反社会公共利益、社会公德的其他方式，侵害死者姓名、肖像、名誉、荣誉；

（二）非法披露、利用死者隐私，或者以违反社会公共利益、社会公德的其他方式侵害死者隐私；

（三）非法利用、损害遗体、遗骨，或者以违反社会公共利益、社会公德的其他方式侵害遗体、遗骨。

保安就可以随便翻查别人的包吗

【案例】

女大学生小惠在某超市购物，交款时被超市保安怀疑偷了东西。在未经查实的情况下，保安一边高喊抓小偷，一边将小惠拦住，强行将其随身所背的背包当众翻查，后证实小惠未偷任何东西。保安的行为是合法的吗?

【法律解析】

保安的行为不合法，侵犯了小惠的人格尊严和名誉权。我国法律明确规定：公民、法人享有名誉权，公民的人格尊严受法律保护，禁止用侮辱、诽谤等方式损害公民、法人的名誉。人格权是指民事主体依法对其特定的人格利益享有的权利。名誉权是指民事主体对自己在社会生活中所获社会评价享有不可侵犯的权利。本案中保安在未经查实的情况下，就高喊抓小偷，认定小惠偷了东西，侵犯了小惠的人格尊严，在公众场合强行翻其背包更是侵犯了小惠的名誉权，小惠可以依法向人民法院提起诉讼。

【法条链接】

《民法通则》第一百零一条 公民、法人享有名誉权，公民的人格尊严受法律保护，禁止用侮辱、诽谤等方式损害公民、法人的名誉。

再婚后，抚养孩子的一方有权给孩子改姓吗

【案例】

郭某与霍某婚后育有一女，后来，郭某与霍某因夫妻感情不和而离婚。法院判定幼小的女儿由妈妈郭某抚养。郭某后来认识纪某，并与纪某结婚。婚

跟谁姓?

后，郭某将女儿的姓改为纪，霍某得知后向郭某提出抗议。郭某称女儿由其抚养照料，自己有权决定她的姓氏。那么，郭某的做法合法吗?

【法律解析】

郭某的做法不合法。我国法律规定，公民享有姓名权，有权决定、使用和依照规定改

变自己的姓名，禁止他人干涉、盗用、假冒。因此，就姓名权人可以决定自己的姓名而言，自然人出生时无民事行为能力，由父母或监护人为其取名。未成年人姓父姓还是母姓，由其父母协商。

本案中，由于郭某的女儿是未成年人，不能决定自己的姓名。对于她应从谁姓，应由郭某与孩子的生父霍某协商决定。因此，如果郭某想让女儿姓继父的姓，应与其法定监护人霍某协商决定。本案中郭某未经霍某的同意，就私自改变女儿的姓名显然侵犯了霍某的姓名权，应当承担相应的民事责任。

【法条链接】

《民法通则》第九十九条第一款　公民享有姓名权，有权决定、使用和依照规定改变自己的姓名，禁止他人干涉、盗用、假冒。

别人冒用了你的姓名，应该怎么办

【案例】

徐某以优异的成绩考入县重点高中，无奈家中贫寒，无力支付其学费，只好辍学外出打工。几年后的一次偶然机会，他得知原来的同班同学杨某，利用其父与当时校长的私人关系，冒用徐某当时中考的成绩进入重点高中读书，后考入大学。至今，杨某依然在用徐某的名字参与各种社会活动。请问，杨某要对徐某承担什么责任？

【法律解析】

杨某侵犯了徐某的姓名权，应当承当相应的民事责任。我国法律明确规定，公民享有姓名权，有权决定、使用和依照规定改变自己的姓名，禁止他人干涉、盗用、假冒。也就是说，任何人干涉、盗用、假冒公民姓名的行为，都构成对公民姓名权的侵害。杨某为达到上重点高中的目的，盗用了徐某的姓名，以徐某的姓名读高中、大学、参加社会活动的行为依法定性为盗用他人的姓名权，属于违法行为。另据《民法通则意见》规定，教唆、帮助他人实施侵权行为的人，为共同侵权人，应当承担连带民事责任。由此可见，杨某的父亲与当时的校长是共同的侵权人，应当承担连带民事责任。

【法条链接】

《民法通则》第九十九条第一款 公民享有姓名权，有权决定、使用和依照规定改变自己的姓名，禁止他人干涉、盗用、假冒。

《民法通则意见》第一百四十一条 盗用、假冒他人姓名、名称造成损害的，应当认定为侵犯姓名权、名称权的行为。

第一百四十八条第一款 教唆、帮助他人实施侵权行为的人，为共同侵权人，应当承担连带民事责任。

店名是否也受法律的保护

【案例】

下岗职工周某与朋友合伙开了一家餐馆，取名"香漫天"，并在当地工商局办理了登记手续。餐馆生意非常兴隆，可没过几个月，孙某在周某的餐馆对面也开了一家"香漫天"，而且餐馆的装修风格与周某的餐馆风格很相似。但孙某的餐馆卫生状况很不好，经常出现顾客食物中毒的情况，所以生意很不好。顾客搞不清两家店的关系，周某的生意也因此受到影响。请问，孙某盗用周某餐馆名称的行为合法吗？

【法律解析】

孙某的行为不合法。我国法律规定，法人、个体工商户、个人合伙享有名称权。企业法人、个体工商户、个人合伙有权使用、依法转让自己的名称。姓名是自然人区别于他人的文字符号，名称是法人、个体工商户、个人合伙区别于其他个人和组织的文字符号。姓名可以相同，但名称在同一登记地区的同一行业内不得相同。也就是说，周某的"香漫天"餐馆享有名称权，在其所登记地区的同一行业内，他人不得再使用该名称。而孙某使用"香漫天"开办的餐馆显然侵犯了周某的名称权，应依法赔偿由此给周某造成的损失。

【法条链接】

《民法通则》第九十九条第二款 法人、个体工商户、个人合伙享有名称权。企业法人、个体工商户、个人合伙有权使用、依法转让自己的名称。

《民法通则意见》第一百五十条 公民的姓名权、肖像权、名誉权、荣誉权和法人的名称权、名誉权、荣誉权受到侵害，公民或者法人要求赔偿损失的，人民法院可以根据侵权人的过错程度、侵权行为的具体情节、后果和影响确定其赔偿责任。

公益团体也有肖像权吗

【案例】

小静是一名演员，为了提高自己的知名度，她将自己与某公益团体在一起合作的照片，作为她参与拍摄的某部电影的宣传广告搬上了荧幕。后来该公益团体发现，小静不光为那部影片使用了其照片，还在其他很多场合利用了与公益团体合拍的照片，于是向法院提起诉讼，控告小静侵害了公益团体的肖像权。公益团体的诉求能得到法院的支持吗？

【法律解析】

公益团体的诉求不会得到法院的支持。肖像权是指自然人对自己肖像享有的再现、使用并排斥他人侵害的权利。只有自然人才享有基于肖像而产生的各项权利。所以，作为公益团体不具备肖像权的构成要件，也就无肖像权可谈，更谈不上非法侵犯其肖像权了。我国《民法通则》规定，法人享有名称权、名誉权及荣誉权，但对肖像权未作规定。因此，本案中公益团体的主张于法无据，不会得到法院的支持。

【法条链接】

《民法通则》第一百二十条 公民的姓名权、肖像权、名誉权、荣誉权受到侵害的，有权要求停止侵害，恢复名誉，消除影响，赔礼道歉，并可以要求赔偿损失。

法人的名称权、名誉权、荣誉权受到侵害的，适用前款规定。

民事责任

小孩在单位被爆竹炸伤，谁来赔偿

【案例】

陈大姐在一家烟花爆竹厂上班，工作比较忙，经常加班。由于7岁的儿子巍巍周末无人看管，陈大姐就将其带到单位。一天，巍巍在厂房外面玩耍时，突然一挂小爆竹爆炸，将巍巍的手臂、腿部等多处炸伤，陈大姐要求单位承担儿子的赔偿责任。陈大姐的单位应当承担责任吗？

【法律解析】

　　陈大姐的单位应当承担赔偿责任。陈大姐单位的管理人员，明知烟花爆竹为易燃易爆品，却未采取相应的安全措施，以致进入单位的小孩被爆竹炸伤，发生伤害事故，具有不可推卸的责任，应承担相应的民事赔偿责任。根据我国民法的规定，7岁小孩属于无民事行为能力人，作为其法定监护人的家长，未尽到监护责任，也有过错，因此可以适当减轻单位的责任。

【法条链接】

　　《民法通则》第一百二十三条　从事高空、高压、易燃、易爆、剧毒、放射性、高速运输工具等对周围环境有高度危险的作业造成他人损害的，应当承担民事责任；如果能够证明损害是由受害人故意造成的，不承担民事责任。

　　第一百三十一条　受害人对于损害的发生也有过错的，可以减轻侵害人的民事责任。

无意中伤害别人，需要承担责任吗

【案例】

　　李某和钟某是大学同学，两人的关系很好，都非常喜爱运动，特别是篮球。一天，两人约了班里的其他同学一起去操场打篮球。在比赛中，争抢篮板球时李某无意中手肘击到钟某眉骨，造成钟某眉骨破裂，钟某到校医院治疗时花费了近500元。后来钟某找到李某，要求其支付自己的医疗费，李某以自己并非故意为由，拒绝支付。请问，钟某应该怎么办呢？

【法律解析】

　　钟某可以向李某要求赔偿。本案中，虽然李某是在比赛时无意中伤到钟某的，主观上并不存在故意，但是造成了伤害钟某的事实，李某的行为已构成侵权。根据"公民、法人由于过错侵害国家的、集体的财产，侵害他人财产、人身的，应当承担民事责任"这一法律规定可知，虽然李某的行为只是过失，但侵犯了钟某的人身权，钟某有权向李某索赔。

【法条链接】

　　《民法通则》第一百零六条第二款　公民、法人由于过错侵害国家的、集体的财产，侵害他人财产、人身的，应当承担民事责任。

路人被街道旁的广告牌砸伤，该怎么办

【案例】

　　一天，小孙和朋友一起逛街，在行至某商场门前时，突然该商场悬挂在门前的广告牌跌落，将小孙砸成重伤。朋友立即将小孙送往医院，在医院治疗期间，一共花去医药费2万余元。据悉，该商场悬挂广告牌是为了宣传促销活动。小孙能找商场索取赔偿吗？

【法律解析】

　　小孙可以找商场索取民事赔偿。我国相关法律规定：建筑物或者其他设施以及建筑物上的搁置物、悬挂物发生倒塌、脱落、坠落造成他人损害的，它的所有人或者管理人应当承担民事责任，但能够证明自己没有过错的除外。广告牌是建筑物上的悬挂物，因它致人损害的，只要受害人无过错，都应由广告牌的所有人或者管理人承担民事赔偿责任。本案例中行人小孙无任何过错，被广告牌砸伤，作为广告牌的所有人，商场没有尽到维护广告牌安全的义务，导致小孙受到伤害。所以，商场应当承担赔偿责任。

【法条链接】

　　《民法通则》第一百二十六条　建筑物或者其他设施以及建筑物上的搁置物、悬挂物发生倒塌、脱落、坠落造成他人损害的，它的所有人或者管理人应当承担民事责任，但能够证明自己没有过错的除外。

容器遭雷击爆炸致人损失，是天灾吗

【案例】

　　某硫酸厂距离程某的鱼塘不足1公里。一天夜里，硫酸厂的一个容器罐遭

到雷击发生爆炸。大量硫酸外溢，流进了程某的鱼塘，致使程某养殖的鱼全部死亡，给其造成重大损失。程某得知是硫酸厂的原因后，要求硫酸厂的负责人赔偿其经济损失。而硫酸厂则认为硫酸外溢是因为天灾，属于不可抗力，自己无须承担责任。硫酸厂的抗辩理由成立吗？

【法律解析】

硫酸厂的抗辩理由不成立。本案中，虽然容器是遭到雷击发生爆炸，但硫酸具有高度的危险性。适用高度危险作业致人损害民事责任的相关法条，只要实施了对周围环境有高度危险的作业行为，并造成了他人损害，就应该承担赔偿责任，而不论作业人的活动是否具有违法性，是否尽到了应有的注意义务。也就是说，因为硫酸厂从事的是高度危险作业，适用无过错责任原则。所以，硫酸厂不能简单地以容器爆炸属于不可抗力为理由而拒绝赔偿给程某造成的损失。

【法条链接】

《民法通则》第一百零七条　因不可抗力不能履行合同或者造成他人损害的，不承担民事责任，法律另有规定的除外。

第一百二十三条　从事高空、高压、易燃、易爆、剧毒、放射性、高速运输工具等对周围环境有高度危险的作业造成他人损害的，应当承担民事责任；如果能够证明损害是由受害人故意造成的，不承担民事责任。

警察执行公务致无辜者受伤，需要赔偿吗

【案例】

李奶奶在去菜市场买菜途中，遇到两名警察在追捕一名小偷。警察在追捕小偷的过程中，不小心将李奶奶撞倒在地，导致李奶奶骨折。李奶奶为此花费医疗费用1000余元。后来李奶奶向将他撞倒的警察索要赔偿。那么，警察在执行公务时给李奶奶造成损害，应该赔偿吗？

【法律解析】

虽然是执行公务，但因此造成无辜者损伤仍需赔偿，警察所在的公安机关应该赔偿李奶奶医疗费。国家机关或者国家机关工作人员在执行职务中，侵犯公民、法人的合法权益造成损害的，应当承担民事责任。李奶奶因警察抓捕小偷，给自己造成了意外伤害，符合该法条的构成要件。我国相关法规还规

定，国家机关工作人员在执行职务中，给公民、法人的合法权益造成损害的，国家机关应当承担民事责任。因此，李奶奶可以向执行公务警察所在的公安机关索赔，而不是警察本人。

【法条链接】

《民法通则》第一百二十一条 国家机关或者国家机关工作人员在执行职务中，侵犯公民、法人的合法权益造成损害的，应当承担民事责任。

《民法通则意见》第一百五十二条 国家机关工作人员在执行职务中，给公民、法人的合法权益造成损害的，国家机关应当承担民事责任。

雇员造成他人伤害的，雇主有责任吗

【案例】

刘某是某副食品公司的老板，他雇用了司机徐某为其送货。一天，徐某开车与刘某一起送货途中，由于雨天路滑，在经过十字路口时，将行人小柯撞翻在地。事故发生后，徐某与刘某紧急将小柯送往医院救治。但在缴纳医疗费时，刘某与徐某发生争执，刘某认为造成事故的是徐某，医疗费应由徐某自行支付；而徐某则认为，自己是在为刘某送货途中发生的车祸，应由刘某赔偿。那么，雇员造成他人伤害的，雇主有责任赔偿吗？

【法律解析】

刘某应对该起事故承担赔偿责任。我国有关法规规定，雇员在从事雇佣活动中致人损害的，雇主应当承担赔偿责任；雇员因故意或者重大过失致人损害的，应当与雇主承担连带赔偿责任。雇主承担连带赔偿责任的，可以向雇员追偿。本案中，徐某行为不存在故意或者重大过失，发生意外是由于雨天路滑所致，因此给小柯的损害赔偿应由刘某支付。

【法条链接】

《最高人民法院关于审理人身损害赔偿案件适用法律若干问题的解释》（以下简称《人身损害赔偿解释》）第九条第一款 雇员在从事雇佣活动中致人损害的，雇主应当承担赔偿责任；雇员因故意或者重大过失致人损害的，应当与雇主承担连带赔偿责任。雇主承担连带赔偿责任的，可以向雇员追偿。

替人出谋划策，分文未收也要承担责任吗

【案例】

崔某家有一片果园，每到水果成熟时，崔某都很烦恼。原来经常有人在夜里潜入果园偷果子，崔某不得不去看守。当果园又一次被偷后，崔某非常生气，找到村民陈某商量对策。陈某也对行窃者非常讨厌，便告诉崔某说："在果园挖几个坑，埋上猎夹，这样就可以抓住窃贼了。"并将自家的猎夹提供给了崔某。崔某依计而行。几天后，村民马某经过崔某家的果园时不慎落入坑中，被猎夹夹伤脚踝，花去医疗费用8000元。马某找到崔某要求赔偿，崔某认为猎夹是陈某的，应由陈某赔偿。那么，马某的损失应该由谁来赔偿呢？

【法律解析】

马某的损失应由崔某与陈某共同赔偿。崔某听从陈某的提议，在果园内挖坑放置猎夹，应该能预见到可能会导致他人受到伤害，但依然实施并造成马某受伤，所以应当承担马某的损失。而陈某向崔某提供猎夹、出谋划策等行为，属于帮助、协助他人侵权的行为，在法律上被认定为帮助行为人。根据有关法规的规定，教唆、帮助他人实施侵权行为的人，为共同侵权人，应当承担连带民事责任。所以，马某的损失应该由崔某与陈某共同赔偿。

【法条链接】

《民法通则》第一百一十九条　侵害公民身体造成伤害的，应当赔偿医疗费、因误工减少的收入、残废者生活补助费等费用；造成死亡的，并应当支付丧葬费、死者生前扶养的人必要的生活费等费用。

《民法通则意见》第一百四十八条第一款　教唆、帮助他人实施侵权行为的人，为共同侵权人，应当承担连带民事责任。

诉讼时效

借条未写明还款日期，该怎么办

【案例】

盛某于2006年10月14日借给朋友林某现金5万元，并写下借条，但借条未

写明还款日期。2009年，盛某因家中有事急需用钱，遂找到林某，要求林某归还欠款，但林某不予理睬。盛某应如何收回自己的借款？

【法律解析】

盛某与林某既然在借款后写有借条，说明二人之间的借贷合同已经成立。由于借条中没有明确还款的具体期限，根据《民法总则》的相关规定，盛某作为债权人，有权随时要求收回自己的全部借款，林某应及时履行自己的还款义务。本案中，盛某于2009年要求林某还款未果，也就是说盛某的债权自此时开始遭受林某的不法侵害。所以，盛某只要于其后的三年内向人民法院主张自己的权利，人民法院都应予以支持。

【法条链接】

《民法总则》第一百八十八条 向人民法院请求保护民事权利的诉讼时效期间为三年。法律另有规定的，依照其规定。

诉讼时效期间自权利人知道或者应当知道权利受到损害以及义务人之日起计算。法律另有规定的，依照其规定。但是自权利受到损害之日起超过二十年的，人民法院不予保护；有特殊情况的，人民法院可以根据权利人的申请决定延长。

如何才能保住诉讼时效

【案例】

2008年6月12日，方某向李某借款人民币18万元，并写了借条但未写明还款期限。方某在2008年12月还了2万元，李某给他打了收条。但从此以后方某全家三口不知去向，至今快3年了，李某耗尽精力寻找债务人但一直没有找到。在借款之后半年还款2万元，时效应该怎样计算？李某如何才能保住诉讼时效？

【法律解析】

没有履行期限的债权请求权，从债权人主张权利时诉讼时效开始起算。但是债务人在借款之后半年还款2万元，是履行义务的表现。这一行为方式发生在诉讼时效进行当中，即产生诉讼时效中断的法律后果。因此本案的诉讼时效从2008年12月方某还款时重新计算，此时效期间为3年。为了保住诉讼时效，李某可以到方某的住所地人民法院起诉，公告送达，之后进行缺席判决，虽然找不到债务人无法执行，但是可以使诉讼时效中断。

【法条链接】

《民法总则》第一百九十五条　有下列情形之一的，诉讼时效中断，从中断、有关程序终结时起，诉讼时效期间重新计算：

（一）权利人向义务人提出履行请求；

（二）义务人同意履行义务；

（三）权利人提起诉讼或者申请仲裁；

（四）与提起诉讼或者申请仲裁具有同等效力的其他情形。

因意外事故下落不明，诉讼时效从何时起算

【案例】

2008年12月，高某在港口作业过程中，不小心被一阵大浪打下海，他没有穿救生衣而且当时风大浪大，至今下落不明。事后高某的家人要求船主赔偿，但对赔偿金额双方无法协商一致，现在已经快2年了。如果起诉，时效从什么时候计算？

【法律解析】

高某的家人应当在事故发生之日起满2年后向人民法院提出申请，请求法院宣告高某死亡。高某的家人要求船主赔偿的诉讼时效应从高某死亡结果发生日（即法院判决宣告其死亡之日）起计算时效。在海上或者通海水域进行航运、作业，或者港口作业过程中发生的人身伤亡事故引起的损害赔偿纠纷案件，应当由海事法院管辖。

【法条链接】

《民法总则》第四十六条　自然人有下列情形之一的，利害关系人可以向人民法院申请宣告该自然人死亡：

（一）下落不明满四年；

（二）因意外事件，下落不明满二年。

下大雪耽误了诉讼时效怎么办

【案例】

2008年12月，杨某通过电视购物，汇款到上海某公司购买了一部手机。可是货到之后，用了不到1个月就坏了。之后杨某多次打电话给该公司要求更

换，但对方总是拖延时间，快1年时，杨某决定到该公司所在地法院起诉。但恰逢下大雪，铁路停运。大雪过后铁路恢复正常时，已经超过法定的诉讼期限。这种情况下杨某该怎么办？

【法律解析】

杨某作为本案的当事人，由于不可抗拒的自然灾害导致耽误诉讼期间，可以申请期间顺延。对于当事人的申请，法院认为符合法定条件的，应当作出裁定批准顺延。

【法条链接】

《民法通则》第一百三十六条 下列的诉讼时效期间为一年：

（一）身体受到伤害要求赔偿的；

（二）出售质量不合格的商品未声明的；

（三）延付或者拒付租金的；

（四）寄存财物被丢失或者损毁的。

《中华人民共和国民事诉讼法》（以下简称《民事诉讼法》）第八十三条 当事人因不可抗拒的事由或者其他正当理由耽误期限的，在障碍消除后的十日内，可以申请顺延期限，是否准许，由人民法院决定。

买到不合格产品，过了诉讼期限还能追究责任吗

【案例】

美美于2006年12月在某商场购买了一条纯金项链，半年后经权威机构鉴定这条项链只是镀金的，美美打算向商场索赔，但由于工作繁忙，将此事忘记。2009年元月美美突然想起此事，立即找到商场索赔，商场以诉讼时效已过为由拒绝。请问，美美还能主张自己的权利吗？

【法律解析】

美美的主张由于诉讼时效已过而无法得到法院的支持。我国法律明确规定：出售质量不合格的商品未声明的，诉讼时效期间为一年。商场将镀金项链作为纯金项链出售，属于出售质量不合格商品而未声明的情况，适用一年诉讼时效。美美应在一年的有效期内向商场主张自己的权利，但由于她的疏忽致使自己的权利消失，不存在中止、中断和延长的情形，所以其权利不再受法律保护。

【法条链接】

《民法通则》第一百三十六条　下列的诉讼时效期间为一年：

（一）身体受到伤害要求赔偿的；

（二）出售质量不合格的商品未声明的；

（三）延付或者拒付租金的；

（四）寄存财物被丢失或者损毁的。

因身体受伤而要求赔偿的诉讼时效为多长

【案例】

2007年6月15日，徐某在下班回家的路上被一块从天而降的砖头击中头部受伤，后被路人紧急送往医院救治。因为伤势比较严重，徐某住院半年，花了医疗费用10万余元。后经公安机关调查得知，砖头是22岁男青年小军与朋友打闹无意中扔下去的。徐某要求小军赔偿损失，但因为住院半年，无法主张权利。那么徐某出院后还能向小军依法主张自己的权利吗？

【法律解析】

徐某可以向法院主张自己的权利，他的权利依然有效。我国法律规定，向人民法院请求保护民事权利的诉讼时效期间为三年，法律另有规定的除外。身体受到伤害要求赔偿的诉讼时效期间为一年。从本案来看，徐某主张自己权利的期间应为2007年6月16日到2008年6月17日。在这一年之中的任何时候都可以主张自己的权利。因为住院花去了半年时间，所以徐某应当尽早行使权利，以免过期作废。

【法条链接】

《民法总则》第一百八十八条第一款　向人民法院请求保护民事权利的诉讼时效期间为三年。法律另有规定的，依照其规定。

《民法通则》第一百三十六条　下列的诉讼时效期间为一年：

（一）身体受到伤害要求赔偿的；

（二）出售质量不合格的商品未声明的；

（三）延付或者拒付租金的；

（四）寄存财物被丢失或者损毁的。

婚姻家庭篇

为家撑起保护伞

合法

结婚

精神病患者可以结婚吗

【案例】

小杨计划今年与女友小周登记结婚，但是女友患有间歇性精神病，小杨听朋友说患有精神病的人是不能结婚的。对此，小杨感到疑惑，他认为女友的病并不是经常发作，意识清醒的时候表示愿意和自己结婚，难道不可以吗？那么，他们能否结婚呢？

【法律解析】

可以结婚。间歇性精神病人如果在精神状态正常时，能够对婚姻作出基本正确的判断，能够基本预见结婚的行为后果，具有婚姻行为能力，应能够登记结婚，缔结的婚姻应属有效。

【法条链接】

《婚姻法》第七条　有下列情形之一的，禁止结婚：

（一）直系血亲和三代以内的旁系血亲；

（二）患有医学上认为不应当结婚的疾病。

《民法通则意见》第六十七条　间歇性精神病人的民事行为，确能证明是在发病期间实施的，应当认定无效。

行为人在神志不清的状态下所实施的民事行为，应当认定无效。

服刑期间可以结婚吗

【案例】

吕某在一起打架斗殴事件中致使他人重伤，被法院认定犯有故意伤害罪，判决三年有期徒刑。吕某和女友的感情一直很深，加上吕某的母亲希望儿子能够尽早结婚，以完成自己的心愿。于是吕某和女友商量之后决定结婚，可是吕某正在服刑。请问，他们可以结婚吗？

【法律解析】

我国法律没有明确规定在服刑或者接受劳动教养的人能否结婚，但是根据《婚姻法》第八条的规定，要求结婚的男女双方必须亲自到婚姻登记机关进行结婚登记。符合本法规定的，予以登记，发给结婚证。这就规定了结婚这一重大的民事行为具有人身属性，不能由他人代理，正在服刑期间的人由于丧失了人身自由，无法亲自实施结婚这一法律行为，因此不能结婚。

缓刑、假释的人，在缓刑或者假释期间，他们的恋爱与结婚问题，只要合于婚姻法规定的条件，是可以允许的。根据有关规定，正在接受劳动教养的人可以结婚，但是必须持有劳动教养管理部门出具的结婚登记准假证明，才可申请结婚登记。

【法条链接】

《婚姻法》第八条　要求结婚的男女双方必须亲自到婚姻登记机关进行结婚登记。符合本法规定的，予以登记，发给结婚证。取得结婚证，即确立夫妻关系。未办理结婚登记的，应当补办登记。

事实婚姻受法律保护吗

【案例】

小马和小魏都达到了法定结婚年龄，他们按照当地习俗，在家里请宾朋好友和乡亲们吃席，举办了结婚仪式，但两人一直没有到所属婚姻登记机关进行登记。那么，他们的婚姻合法吗，受法律保护吗？

【法律解析】

依据《婚姻法》第八条的规定，小马和小魏虽然按习俗办了婚事，但没有办理结婚登记，法律对这种事实婚姻的保护是有限的。根据《婚姻法》第八条的规定，小马和小魏两人不符合结婚实质要件，如果在婚姻关系上发生问题，那么他们必须在补办结婚登记的前提下，婚姻才能得到法律保护，而且婚姻关系的效力可以追溯至双方均符合结婚的实质要件时起。如果双方不补办结婚登记，其关系为同居关系，为不合法婚姻。

【法条链接】

《婚姻法》第八条　要求结婚的男女双方必须亲自到婚姻登记机关进行结婚登记。符合本法规定的，予以

登记，发给结婚证。取得结婚证，即确立夫妻关系。未办理结婚登记的，应当补办登记。

《最高人民法院关于适用〈中华人民共和国婚姻法〉若干问题的解释（一）》（以下简称《婚姻法解释（一）》）第四条 男女双方根据婚姻法第八条规定补办结婚登记的，婚姻关系的效力从双方均符合婚姻法所规定的结婚的实质要件时起算。

婚姻的无效与可撤销

什么情形才可以申请宣告婚姻无效

【案例】

刘某于2004年与丈夫举行了婚礼并领取了结婚证，现在结婚四年，因夫妻感情不和想与丈夫离婚。刘某的户口簿和身份证上的出生日期是1984年，而她的实际出生日期为1988年，也就是说，她结婚的时候还不到法定年龄。她现在想到法院申请宣告婚姻无效。那么，法院会支持刘某的申请吗？

【法律解析】

根据《婚姻法》第十条的规定，未到法定婚龄的，婚姻无效。但是，根据《婚姻法解释（一）》第八条的规定，刘某提出申请时已经达到了法定的结婚年龄，所以法院不会支持刘某提出的宣告婚姻无效的申请。刘某如果想与丈夫离婚，可以采取协商或者离婚诉讼途径解决。

【法条链接】

《婚姻法》第十条 有下列情形之一的，婚姻无效：

（一）重婚的；

（二）有禁止结婚的亲属关系的；

（三）婚前患有医学上认为不应当结婚的疾病，婚后尚未治愈的；

（四）未到法定婚龄的。

《婚姻法解释（一）》第八条 当事人依据婚姻法第十条规定向人民法院申请宣告婚姻无效的，申请时，法定的无效婚姻情形已经消失的，人民法院不予支持。

婚姻被法院确认无效以后能否提起上诉

【案例】

小翠20岁的时候与同村的小壮结婚，一年以后，小翠觉得两人不合适，于是向法院申请宣告婚姻无效，法院审理后判决小翠与小壮的婚姻无效。但是小壮不想跟小翠离婚，想要上诉。那么，婚姻被法院确认无效以后还能否提起上诉？

【法律解析】

根据《婚姻法解释（一）》第九条的规定，有关婚姻效力的判决一经作出，即发生法律效力。涉及财产分割和子女抚养的，可以调解或另行诉讼。但对于婚姻效力的判决，当事人不能提起上诉，因此小壮与小翠的婚姻被判无效后，小壮不能提起上诉。

【法条链接】

《婚姻法解释（一）》第九条　人民法院审理宣告婚姻无效案件，对婚姻效力的审理不适用调解，应当依法作出判决；有关婚姻效力的判决一经作出，即发生法律效力。

涉及财产分割和子女抚养的，可以调解。调解达成协议的，另行制作调解书。对财产分割和子女抚养问题的判决不服的，当事人可以上诉。

受男友威胁而结婚的婚姻可以撤销吗

【案例】

赵某与女朋友吴某交往了4年，正当赵某以为两人可以结婚，并已经开始着手准备婚礼时，吴某告诉赵某，自己从来没有结婚的打算，并且以性格不合为由提出分手。赵某情急之下，威胁吴某与其结婚，声称如果吴某不答应，就杀她全家。吴某受迫之下，无奈与赵某结婚。婚后，吴某无法忍受赵某的折磨，半年后请求法院撤销婚姻。法院会受理吗？

【法律解析】

法院会受理并会支持吴某的诉讼请求。根据《婚姻法》第十一条的规定，因胁迫结婚的，受胁迫的一方可以向婚姻登记机关或人民法院请求撤销该婚姻。受胁迫的一方撤销婚姻的请求，应当自结婚登记之日起一年内提出。本案中，吴某是因为受到赵某的胁迫才与之结婚的，符合《婚姻法》规定的可撤销婚姻的情形，法院会受理并支持吴某的请求，作出婚姻可撤销的判决，保护吴某的合法权益。

【法条链接】

《婚姻法》第十一条　因胁迫结婚的，受胁迫的一方可以向婚姻登记机关或人民法院请求撤销该婚姻。受胁迫的一方撤销婚姻的请求，应当自结婚登记之日起一年内提出。被非法限制人身自由的当事人请求撤销婚姻的，应当自恢复人身自由之日起一年内提出。

父母可以代替子女申请撤销婚姻吗

【案例】

黄某容貌姣好，性情善良，村子里一个横行霸道的恶棍张某多次提出想要与黄某结婚，黄某每次都拒绝。张某于是威胁说如果黄某不同意结婚，就放火烧了黄某家，令黄某及其全家不得安宁。黄某无奈之下便与张某结婚，但是婚后张某时常打骂黄某，黄某为了家人的安全均隐忍不言。黄某的母亲见女儿生活如此痛苦艰难，便向法院申请撤销张某与黄某的婚姻。那么，黄某的母亲有权代替女儿申请撤销婚姻吗？

【法律解析】

黄某的母亲无权代替女儿申请撤销婚姻。根据《婚姻法解释（一）》第十条第二款之规定，因受胁迫而请求撤销婚姻的，只能是受胁迫一方的婚姻关系当事人本人。也就是说，撤销婚姻的请求权只能是由受到胁迫一方的婚姻当事人行使，其他任何人，包括父母、兄弟、姐妹以及其他亲属都不能代为行使。

【法条链接】

《婚姻法解释（一）》第十条　婚姻法第十一条所称的"胁迫"，是指行为人以给另一方当事人或者其近亲属的生命、身体健康、名誉、财产等方面造成损害为要挟，迫使另一方当事人违背真实意愿结婚的情况。

因受胁迫而请求撤销婚姻的，只能是受胁迫一方的婚姻关系当事人本人。

可撤销婚姻的请求权有时间限制吗

【案例】

高某（女）到外地打工，受到当地青年潘某的胁迫与之结婚，婚后潘某经常对高某凌辱打骂，并将其软禁。2年后，高某千方百计出逃成功，想要到法院申请撤销两人的婚姻，又担心可撤销婚姻的请求权有时间限制，过了2年的时间，法院还会受理吗？

【法律解析】

本案中，高某在结婚后被剥夺了人身自由，不能及时向法院提出申请，因此，根据《婚姻法》第十一条的规定，高某在恢复人身自由后1年内向法院提出申请，法院会受理并支持高某的诉求。

【法条链接】

《婚姻法》第十一条 因胁迫结婚的，受胁迫的一方可以向婚姻登记机关或人民法院请求撤销该婚姻。受胁迫的一方撤销婚姻的请求，应当自结婚登记之日起一年内提出。被非法限制人身自由的当事人请求撤销婚姻的，应当自恢复人身自由之日起一年内提出。

离婚

丈夫被判刑，妻子能否要求离婚

【案例】

高某由于犯罪被判长期徒刑，妻子何某觉得丈夫品行不端，不想再和他一起生活，于是向法院提起离婚诉讼，但遭到了公公婆婆等人的极力反对。在丈夫被判刑的情况下，妻子何某能否要求离婚呢？

【法律解析】

我国《婚姻法》把"感情是否确已破裂"作为判决准予或不准予离婚的标准，

规定了5种情形，调解无效的，应准予离婚。有关司法解释中规定，一方被依法判处长期徒刑，或其违法，犯罪行为严重伤害夫妻感情的，视为感情确已破裂情形。

本案中，高某被判刑导致夫妻感情确已破裂，妻子何某要求离婚，是符合法律规定的，因此，妻子何某可以要求离婚。

【法条链接】

《最高人民法院关于人民法院审理离婚案件如何认定夫妻感情确已破裂的若干具体意见》第十一条 一方被依法判处长期徒刑，或其违法、犯罪行为严重伤害夫妻感情的。

丈夫下落不明，妻子能离婚吗

【案例】

李某的丈夫三年前南下打工，此后杳无音信，李某和家人多方查找都没有找到，警方协助寻找也始终没有结果。李某于是想要离婚另组家庭，可由于丈夫一直找不到，她不知该怎么离婚。丈夫下落不明，妻子能否离婚呢？

【法律解析】

夫妻一方如果离家杳无音信满两年，另一方想要离婚，可以按照宣告失踪程序宣告其失踪后，再向人民法院起诉离婚；如果对方杳无音信满四年，另一方想离婚，可以按照宣告死亡程序宣告其死亡后，两人的婚姻关系自然消灭。本案中，李某的丈夫外出打工，三年时间里杳无音信，下落不明，李某可以依法宣告丈夫失踪，再向人民法院起诉离婚，人民法院应准予离婚。

【法条链接】

《民法通则》第二十条 公民下落不明满二年的，利害关系人可以向人民法院申请宣告他为失踪人。

战争期间下落不明的，下落不明的时间从战争结束之日起计算。

《婚姻法》第三十二条 男女一方要求离婚的，可由有关部门进行调解或直接向人民法院提出离婚诉讼。

……

一方被宣告失踪，另一方提出离婚诉讼的，应准予离婚。

必须要军人同意，军人的配偶才能要求离婚吗

【案例】

小郭的丈夫小陆在解放军某部工作，二人刚结婚时感情还可以，并且生有一子。后来，小陆认识了女青年小苏，二人来往频繁，多次发生不正当性关系。此事被小郭知晓后，小陆向小郭表示，自己今后一定与小苏断绝来往，好好过日子。但是背着妻子，小陆仍然偷偷与小苏不断接触。小郭觉得挽回小陆无望，于是向法院提出离婚诉讼，但是小陆坚持不肯离婚。那么，必须要军人同意，军人的配偶才能要求离婚吗？小郭的离婚请求能否得到法院的支持呢？

【法律解析】

我国法律规定，现役军人的配偶要求离婚，须得军人同意，这是对军人婚姻给予的特殊保护，对于稳定军心、巩固和提高部队战斗力，起到了重要作用。但是，在军人婚姻关系中，有时军人本身有过错，如类似本案的情况，如果再按这一规定执行，对于非军人一方就不公平了。所以《婚姻法》规定，军人一方有重大过错的除外，以此作为对军人婚姻特殊保护的例外规定。本案中，现役军人小陆与情人小苏多次发生不正当的性关系，应认定军人小陆有重大过错，所以法院应判决准予小郭与小陆的离婚请求。

【法条链接】

《婚姻法》第三十三条 现役军人的配偶要求离婚，须得军人同意，但军人一方有重大过错的除外。

离婚以后，还能要求赔偿吗

【案例】

冯女士和于先生协议离婚，并且到民政部门办理了离婚登记。就在冯女士和于先生离婚后不到3个月，冯女士得知有个女人刚刚为于先生诞下一子。离婚时冯女士就猜测丈夫在外面有情人，没有想到这真的是事实。一怒之下，她决定起诉前夫，要求赔偿。现在二人已经离婚，还能到法院起诉要求赔偿吗？

【法律解析】

冯女士可以到法院提起诉讼要求损害赔偿。当事人在婚姻登记机关办理离婚登记手续后，以《婚姻法》第四十六条规定为由向人民法院提出损害赔偿

请求的，人民法院应当受理。但当事人在协议离婚时已经明确表示放弃该项请求，或者在办理离婚登记手续一年后提出的，不予支持。因为冯女士和于先生办理离婚登记手续不到一年，所以，冯女士依然可以到法院起诉要求赔偿。

【法条链接】

《婚姻法》第四十六条 有下列情形之一，导致离婚的，无过错方有权请求损害赔偿：

（一）重婚的；

（二）有配偶者与他人同居的；

（三）实施家庭暴力的；

（四）虐待、遗弃家庭成员。

《最高人民法院关于适用〈中华人民共和国婚姻法〉若干问题的解释（二）》（以下简称《婚姻法解释(二)》）第二十七条 当事人在婚姻登记机关办理离婚登记手续后，以婚姻法第四十六条规定为由向人民法院提出损害赔偿请求的，人民法院应当受理。但当事人在协议离婚时已经明确表示放弃该项请求，或者在办理离婚登记手续一年后提出的，不予支持。

父母与子女关系

离婚后养子女该归谁抚养

【案例】

白某和妻子房某在2004年收养了一个女儿，办理了收养手续。后来他们又生育了一个儿子。2008年，他们因感情破裂而离婚。现在白某不想同时抚养两个孩子，他只想抚养他的亲生儿子。请问，他能不能和养女解除收养关系？

【法律解析】

根据有关法规，收养应当向县级以上人民政府民政部门登记，收养关系自登记之日起成立。自收养关系成立之日起，养父母与养子女间的权利义务关系，适用法律关于父母子女关系的规定。本案中收养关系成立，白某与养女之间形成父女关系，在养女未成年以前，他不能只抚养亲生儿子而拒绝抚养养女，他和前妻房某都有共同抚养该养女的法定义务。如果有虐待、遗弃等侵害未成年养子女合法权益行为的，还要承担相应的法律责任。

【法条链接】

《中华人民共和国收养法》（以下简称《收养法》）第二十六条第一款　收养人在被收养人成年以前，不得解除收养关系，但收养人、送养人双方协议解除的除外，养子女年满十周岁以上的，应当征得本人同意。

离婚后如何计算子女的抚育费

【案例】

孟某和姜某于2001年结婚，2002年姜某生下一个女儿，为了照顾女儿，夫妻二人2003年在市区买下一套房子，后来因感情不和协议离婚。离婚时，孟某考虑到女儿年纪尚小，主动将女儿让给姜某抚养。协议中规定，房子归姜某，姜某给孟某5万元补偿，孟某每个月给女儿生活费500元。但是这5万元姜某一直都没有给孟某，孟某以此为由也没有给过女儿生活费。现在前妻姜某因孟某不支付女儿生活费而将其起诉至法院。请问，孩子的抚育费应如何计算？

【法律解析】

孟某不能以姜某未支付5万元补偿金为由而不履行他应尽的法定义务。根据我国有关法律规定，子女抚育费的数额，可根据子女的实际需要、父母双方的负担能力和当地的实际生活水平确定。有固定收入的，抚育费一般可按其月总收入的百分之二十至百分之三十的比例给付。负担两个以上子女抚育费的，比例可适当提高，但一般不得超过月总收入的百分之五十。无固定收入的，抚育费的数额可依据当年总收入或同行业平均收入，参照上述比例确定。有特殊情况的，可适当提高或降低上述比例。

【法条链接】

《最高人民法院关于人民法院审理离婚案件处理子女抚养问题的若干具体意见》第七条　子女抚育费的数额，可根据子女的实际需要、父母双方的负担能力和当地的实际生活水平确定。

有固定收入的，抚育费一般可按其月总收入的20%至30%的比例给付。负担两个以上子女抚育费的，比例可适当提高，但一般不得超过月总收入的50%。

无固定收入的，抚育费的数额可依据当年总收入或同行业平均收入，参照上述比例确定。

有特殊情况的，可适当提高或降低上述比例。

非婚生子女有权要求亲生父母履行抚养义务吗

【案例】

董某在与妻子婚姻存续期间，与情人发生不正当关系而生下一女。为了不破坏自己的家庭，董某不肯认领这个孩子，而让情人独自抚养，孩子的相应权利得不到实现。请问，非婚生子女有权要求亲生父母履行抚养义务吗？

【法律解析】

非婚生子女与婚生子女一样，同样有权要求自己的亲生父母履行抚养义务。在实际生活中，非婚生子女的地位是很尴尬的，通常得不到父母的承认，生活也没有保障。针对此问题，我国法律作出了非常明确的规定，非婚生子女享有与婚生子女同等的权利，从立法上确实保护了非婚生子女的合法权益。

【法条链接】

《婚姻法》第二十五条 非婚生子女享有与婚生子女同等的权利，任何人不得加以危害和歧视。

不直接抚养非婚生子女的生父或生母，应当负担子女的生活费和教育费，直至子女能独立生活为止。

大学生没有生活来源，能要求父母给付抚育费吗

【案例】

孙某（20岁）读大二的时候，父母因感情破裂协议离婚。协议商定让女儿跟随母亲生活，父亲每月给付抚育费，直到女儿完成大学学业。后来父亲以女儿已成年为由，拒绝给付抚育费。正在上大学的成年子女可以要求父母给付抚育费吗？

【法律解析】

上大学的成年子女可以要求父母给付抚育费。对于已满18周岁的成年人但仍然是在校的大学生，因其没有工作，没有经济来源，不能独立生活，其父母如有给付能力，仍须负担必要的抚育费。

【法条链接】

《最高人民法院关于人民法院审理离婚案件处理子女抚养问题的若干具

体意见》第十二条 尚未独立生活的成年子女有下列情形之一，父母又有给付能力的，仍应负担必要的抚育费：

（1）丧失劳动能力或虽未完全丧失劳动能力，但其收入不足以维持生活的；

（2）尚在校就读的；

（3）确无独立生活能力和条件的。

子女有权利干涉父母再婚吗

【案例】

20年前，万某妻子去世，万某独立将一双儿女抚养长大，现在儿女已经长大成人。2008年，万某结识寡居多年的杨某，两位老人决定走到一起。但双方子女，以顾及家族的颜面为由，阻止两位老人的婚事，并声称如老人再婚，他们就不承担对老人的赡养义务。请问，子女有权干涉父母的婚姻吗？

【法律解析】

子女不得干涉父母再婚以及婚后的生活。老年人再婚后，子女要继续履行对父母的赡养义务。本案中双方子女阻止两位老人的婚事是违法的。

【法条链接】

《婚姻法》第三十条 子女应当尊重父母的婚姻权利，不得干涉父母再婚以及婚后的生活。子女对父母的赡养义务，不因父母的婚姻关系变化而终止。

放弃继承权的子女可以不赡养父母吗

【案例】

沈某父母均已年迈，需要沈某兄弟的赡养。一天，沈某找到哥哥商量，自己能不能放弃继承权，同时也不赡养父母。请问，沈某可以这样做吗？

【法律解析】

不可以，沈某这样做是违法的。赡养父母是法定的义务，即使沈某宣布放弃继承权，他也不能因此不履行赡养父母的义务。

【法条链接】

《中华人民共和国老年人权益保障法》（以下简称《老年人权益保障法》）第十九条第一款 赡养人不得以放弃继承权或者其他理由，拒绝履行赡养义务。

已成年子女强行向父母索取财物是违法的吗

【案例】

30岁的段某一直赋闲在家。他时常与社会上的朋友吃喝玩乐，有时还将狐朋狗友带到家中胡闹，甚至打骂父母，向年迈的父母强行要钱。段某的行为违法吗？

【法律解析】

段某的行为已经违反了《老年人权益保障法》的相关规定，要受到行政处罚。如果情节严重，可以追究段某的刑事责任。

【法条链接】

《老年人权益保障法》第二十二条第一款 老年人对个人的财产，依法享有占有、使用、收益和处分的权利，子女或者其他亲属不得干涉，不得以窃取、骗取、强行索取等方式侵犯老年人的财产权益。

第七十七条 家庭成员盗窃、诈骗、抢夺、侵占、勒索、故意损毁老年人财物，构成违反治安管理行为的，依法给予治安管理处罚；构成犯罪的，依法追究刑事责任。

夫妻间财产关系

婚前父母为子女买的结婚用房属于夫妻共有财产吗

【案例】

陶某与谢某经过长时间的交往决定结婚，陶某的父母非常高兴，遂于二人登记结婚前出资购买了一栋别墅作为儿子结婚用房。后来二人因感情不和而协议离婚，谢某认为陶某的父母为他们购买的别墅属于夫妻共同财产，离婚后应该作为共同财产进行分割。请问，该别墅属于夫妻共有财产吗？

【法律解析】

该别墅是否属于夫妻共同财产要视具体情况而定。本案中，陶某的父母为陶某结婚出资购买的别墅，依法应被认定为对陶某的个人赠与，属于陶某的个人财产。如果陶某的父母明确表示该别墅是对陶某和谢某的共同赠与，则应视为夫妻共有财产。

【法条链接】

《婚姻法解释（二）》第二十二条第一款 当事人结婚前，父母为双方购置房屋出资的，该出资应当认定为对自己子女的个人赠与，但父母明确表示赠与双方的除外。

结婚未登记，分手时能否分到一半房产

【案例】

2007年元旦，阿琳和丈夫举行了结婚仪式，但没有去民政部门领取结婚证书。办理结婚仪式后，他们用两人的存款购买了一套房子，交款收据上写的是丈夫的名字。现在阿琳和丈夫因感情问题离婚，她可以分到一半的房产吗？

【法律解析】

因为他们没有办理结婚登记，不属于法定夫妻关系。如果阿琳想分到一半房产，需要与男方协商经其同意；如果男方不同意，阿琳可以向法院提起民事诉讼，但必须提供证据证明他们所购房产是在同居期间共同出资。另外，如果所购房屋已经办理房产证书且房产证书上只写了男方一个人的名字，则阿琳不能分到该房产，只能要回出资的房款。

【法条链接】

《婚姻法》第八条　要求结婚的男女双方必须亲自到婚姻登记机关进行结婚登记。符合本法规定的，予以登记，发给结婚证。取得结婚证，即确立夫妻关系。未办理结婚登记的，应当补办登记。

《婚姻法解释（二）》第一条第二款　当事人因同居期间财产分割或者子女抚养纠纷提起诉讼的，人民法院应当受理。

男女未婚同居，分手后财产该怎样处理

【案例】

徐某与李某同居多年，后来两人因性格不合而分手，在财产分割问题上起了争执。请问，未婚同居的男女，分手后财产该怎样处理？

【法律解析】

根据《婚姻法》司法解释的相关规定，男女未婚同居分手后产生财产分割问题，如果两人经过协商对财产的分割达成协议的，按照协议处理。如果产生了争议，可以向法院提起诉讼，请求法院作出判决。

【法条链接】

《婚姻法解释（二）》第一条第二款 当事人因同居期间财产分割或者子女抚养纠纷提起诉讼的，人民法院应当受理。

离婚时，在什么情况下可以要求损害赔偿

【案例】

女子吴某所住的村子地处偏僻，人们受封建思想影响很深。后来，吴某与同村的罗某结婚，婚后1年，吴某生下一个女孩儿，丈夫罗某将女婴扔进了深山，孩子不久就死了。吴某得知此事后，痛不欲生，于是向法院提起离婚诉讼，并要求损害赔偿。吴某可以要求损害赔偿吗？

【法律解析】

吴某可以要求损害赔偿，《婚姻法》明确规定，一方有虐待、遗弃家庭成员行为的，另一方离婚时有权请求损害赔偿。本案中吴某刚出生的孩子被丈夫罗某扔进深山，直接导致孩子的死亡，他有遗弃家庭成员的恶劣行为，依照法律规定，应该作出赔偿。

【法条链接】

《婚姻法》第四十六条 有下列情形之一，导致离婚的，无过错方有权请求损害赔偿：

（一）重婚的；

（二）有配偶者与他人同居的；

（三）实施家庭暴力的；

（四）虐待、遗弃家庭成员的。

夫妻个人财产损坏，离婚时可要求以共同财产抵偿吗

【案例】

鲁某与牛某因感情不和而协议离婚。妻子牛某在结婚前有一个梳妆台，结婚后一直使用，此时梳妆台因为老化而损坏。牛某要求用夫妻共有财产抵偿梳妆台的损失。这样的要求合理吗？

【法律解析】

这种要求是不合理的。即使牛某向法院提起诉讼，法院也不会支持。

《婚姻法》的有关司法解释对此有明确的规定，婚前个人财产在婚后共同生活中自然毁损、消耗、灭失的，离婚时不得以夫妻共同财产抵偿。本案中，牛某的梳妆台是牛某的婚前个人财产，在婚姻存续期间自然消耗、灭失，因此不能用夫妻共有财产抵偿。

【法条链接】

《最高人民法院关于人民法院审理离婚案件处理财产分割问题的若干具体意见》第十六条　婚前个人财产在婚后共同生活中自然毁损、消耗、灭失，离婚时一方要求以夫妻共同财产抵偿的，不予支持。

离婚时一方隐匿了财产怎么办

【案例】

马某与何某离婚已经3年了。马某于不久前偶然得知前夫何某在与自己解决离婚纠纷时，将一部分属于夫妻共有的财产转移到前夫父母的名下。于是，马某决定向法院提起诉讼，要求再次分割这部分财产。法院会受理吗？

【法律解析】

法院会受理。《婚姻法》的立法精神在于体现平等自由、公平诚实，是调整婚姻关系的基本原则。这些基本原则在结婚的时候适用，在离婚的时候同样适用。何某将一部分夫妻共有财产转移到父母名下，致使在分割财产的时候，夫妻共有财产属于不完整的状态，侵害了马某的合法权益，对马某来说是不公平的，对此法院会依法受理并支持马某的诉讼请求。

【法条链接】

《婚姻法》第四十七条　离婚时，一方隐藏、转移、变卖、毁损夫妻共同财产，或伪造债务企图侵占另一方财产的，分割夫妻共同财产时，对隐藏、转移、变卖、毁损夫妻共同财产或伪造债务的一方，可以少分或不分。离婚后，另一方发现有上述行为的，可以向人民法院提起诉讼，请求再次分割夫妻共同财产。

人民法院对前款规定的妨害民事诉讼的行为，依照民事诉讼法的规定予以制裁。

遗产继承篇

指点迷津

遗产继承顺序

第一顺序

第二顺序

遗产

抚恤金属于遗产吗

【案例】

刘某在一次车祸中丧生，单位为此发了一笔抚恤金。请问，单位发的这笔抚恤金能否作为刘某遗产的一部分由继承人共同继承？

【法律解析】

不能。抚恤金是死者生前单位或有关民政部门发放给死者直系亲属或其供养亲属的费用，具有抚恤性质。根据《中华人民共和国继承法》（以下简称《继承法》）第三条的规定，抚恤金不包含在遗产范围内，不能作为遗产由继承人共同继承。

【法条链接】

《继承法》第三条 遗产是公民死亡时遗留的个人合法财产，包括：

（一）公民的收入；

（二）公民的房屋、储蓄和生活用品；

（三）公民的林木、牲畜和家禽；

（四）公民的文物、图书资料；

（五）法律允许公民所有的生产资料；

（六）公民的著作权、专利权中的财产权利；

（七）公民的其他合法财产。

未指定受益人的保险金能作为被保险人的遗产吗

【案例】

司机小周生前在保险公司投保了人身意外伤害险。在一次交通事故中，小周因伤势过重而死亡，后来保险公司赔偿了巨额的保险金。请问，保险金可以作为遗产被继承吗？

【法律解析】

保险分为人身保险和财产保险，在是否将保险金作为遗产继承的问题上，要区别对待。财产保险可以作为遗产被继承，但人身保险的认定比较复杂。人身保险通常会涉及受益人的问题，如果人身保险指定了受益人，则被保险人死亡后，保险金应支付给受益人；如果没有指定受益人，则保险金应作为遗产由继承人继承。本案中，小周生前投保的人身意外伤害险没有指定受益人，可以作为遗产。

【法条链接】

《中华人民共和国保险法》（以下简称《保险法》）第四十二条 被保险人死亡后，有下列情形之一的，保险金作为被保险人的遗产，由保险人依照《中华人民共和国继承法》的规定履行给付保险金的义务：

（一）没有指定受益人，或者受益人指定不明无法确定的；

（二）受益人先于被保险人死亡，没有其他受益人的；

（三）受益人依法丧失受益权或者放弃受益权，没有其他受益人的。

受益人与被保险人在同一事件中死亡，且不能确定死亡先后顺序的，推定受益人死亡在先。

遗产中包括文物，可以按照一般遗产认定吗

【案例】

北京市高级人民法院受理了一个遗产纠纷案件。死者钟仁正，他的遗产中有国家重要的历史文物和资料，对国家有着重大意义。钟仁正的弟弟钟敬宽依法应该继承钟仁正的遗产，当然包括这些历史文物资料。这些国家重要的历史文物和资料可以按照一般遗产认定吗？

【法律解析】

按照《继承法》的相关规定，公民的合法财产在公民死后，可以成为公民的遗产。但是，对于遗产中涉及国家重要的历史文物和资料的，没有相关规定。根据相关司法解释，珍贵的文物应上缴国家，国家会给予公民一定的物质报酬和精神鼓励。如果公民不愿意捐献，那么，国家将采取收购的方式，将珍贵文物收归国有，所支付的价款，继承人可以继承。

【法条链接】

《最高人民法院关于对遗产中文物如何处理问题的批复》

北京市高级人民法院：

你院1981年8月31日（81）京高法字第96号"关于钟仁正遗产如何处理的请示"报告收悉。经研究：关于继承权问题，我们同意你院第二种意见，即按照现行有关政策法律规定，钟仁正五弟钟敬宽应有继承权。钟仁正遗产中的

文物处理问题，应依靠当地党委和群众，动员钟敬宽将重要的历史文物和资料捐献给国家，国家给予钟敬宽一定的物质报酬和精神鼓励。如钟敬宽不愿捐献，可参照中共中央〔1971〕12号文件精神和1978年8月24日中共中央批转上海市委《关于落实党对民族资产阶级若干政策问题的请示报告》中的有关规定，判决由国家收购，价款列入遗产，由钟敬宽继承。

此复

法定继承

法定继承的顺序是什么

【案例】

富商李某在一次意外事故中身亡，但他去世前没有立遗嘱，于是按照法定继承顺序继承遗产。那么，法定继承顺序是怎样的？

【法律解析】

法定继承顺序是按照家庭生活中，家庭成员之间的关系确定的，按照亲密至疏远的顺序排列。第一顺序继承人为配偶、子女、父母，第二顺序继承人为兄弟姐妹、祖父母、外祖父母。继承开始后，由第一顺序继承人继承，没有第一顺序继承人的，由第二顺序继承人继承。

【法条链接】

《继承法》第十条 遗产按照下列顺序继承：

第一顺序：配偶、子女、父母。

第二顺序：兄弟姐妹、祖父母、外祖父母。

继承开始后，由第一顺序继承人继承，第二顺序继承人不继承。没有第一顺序继承人继承的，由第二顺序继承人继承。

本法所说的子女，包括婚

遗产继承顺序

生子女、非婚生子女、养子女和有扶养关系的继子女。

本法所说的父母，包括生父母、养父母和有扶养关系的继父母。

本法所说的兄弟姐妹，包括同父母的兄弟姐妹、同父异母或者同母异父的兄弟姐妹、养兄弟姐妹、有扶养关系的继兄弟姐妹。

第十一条 被继承人的子女先于被继承人死亡的，由被继承人的子女的晚辈直系血亲代位继承。代位继承人一般只能继承他的父亲或者母亲有权继承的遗产份额。

第十二条 丧偶儿媳对公、婆，丧偶女婿对岳父、岳母，尽了主要赡养义务的，作为第一顺序继承人。

互有继承权的人同时死亡，继承该如何确定

【案例】

沈某夫妇利用假期，带8岁的儿子去外地旅游。在返程途中，因飞机失事，一家人不幸全部遇难。在这样的情况下，继承顺序该如何确定?

【法律解析】

《继承法》的司法解释明确规定，相互有继承关系的几个人在同一事件中死亡，如不能确定死亡先后时间的，推定没有继承人的人先死亡。死亡人各自都有继承人的，如几个死亡人辈分不同，推定长辈先死亡；几个死亡人辈分相同，推定同时死亡，彼此不发生继承，由他们各自的继承人分别继承。

本案中，沈某之子没有继承人，应推定其先死亡。而沈某夫妇是同辈，应推定二人同时死亡，他们之间不发生继承关系，而由他们各自的继承人分别继承。

【法条链接】

《最高人民法院关于贯彻执行<中华人民共和国继承法>若干问题的意见》（以下简称《继承法意见》）第二条 相互有继承关系的几个人在同一事件中死亡，如不能确定死亡先后时间的，推定没有继承人的人先死亡。死亡人各自都有继承人的，如几个死亡人辈分不同，推定长辈先死亡；几个死亡人辈分相同，推定同时死亡，彼此不发生继承，由他们各自的继承人分别继承。

依靠被继承人扶养的孤儿可以要求分得适当遗产吗

【案例】

郝某生前资助了一名孤儿，该孤儿的日常生活费用及教育投资费用均由

郝某承担。郝某去世后，这名儿童可以分到适当的遗产吗?

【法律解析】

这名儿童可以分到适当的遗产。《继承法》及其相关司法解释规定，对继承人以外的依靠被继承人扶养的缺乏劳动能力又没有生活来源的人，或者继承人以外的对被继承人扶养较多的人，可以分给他们适当的遗产。本案中，郝某所资助的儿童是孤儿，其情形符合《继承法》的上述规定，因此可以分到适当的遗产。

【法条链接】

《继承法》第十四条 对继承人以外的依靠被继承人扶养的缺乏劳动能力又没有生活来源的人，或者继承人以外的对被继承人扶养较多的人，可以分给他们适当的遗产。

继子女有权继承继父母和生父母双份遗产吗

【案例】

童某与周某离婚后，孩子跟随母亲周某生活。离婚后不久，周某再婚，再婚后没有子女。而童某一直独居。那么，孩子有权继承生父母以及继父的双份遗产吗?

【法律解析】

孩子可以继承生父母以及继父的双份遗产。与收养关系不同，继子女与继父母的关系因亲生父母一方与继父母一方的合法婚姻关系而建立，但是与继父母的关系的建立不影响继子女与生父母的关系，也就是说，此时的继子女无论与生父母还是继父母，都有父母与子女的权利义务关系。

【法条链接】

《继承法意见》第二十一条 继子女继承了继父母遗产的，不影响其继承生父母的遗产。

继父母继承了继子女遗产的，不影响其继承生子女的遗产。

主动赡养孤寡老人者，可以继承老人的遗产吗

【案例】

钱某是一位年近80岁的老人，无儿无女，一直独居。富有同情心的邻居何某见老人无人照顾，便主动照顾老人，直至老人去世。那么，老人的遗产，何某可以

继承吗?

【法律解析】

何某可以继承老人的遗产。根据《继承法》的相关规定,履行了赡养义务是享有继承权的实质要件。何某照顾了老人,根据相关的司法解释,可以继承老人的遗产。

【法条链接】

《继承法》第十四条 对继承人以外的依靠被继承人扶养的缺乏劳动能力又没有生活来源的人,或者继承人以外的对被继承人扶养较多的人,可以分给他们适当的遗产。

遗嘱继承

7岁小孩设立的遗嘱有效吗

【案例】

小腾是一个7岁的小男孩,父母在一次空难中去世,小腾于是成为万贯家财的唯一继承人。小腾年幼,小腾的舅舅成为小腾的监护人。小腾的舅舅教唆小腾立下遗嘱:小腾死后,财产全部由小腾的舅舅继承。这份遗嘱有效吗?

【法律解析】

这份遗嘱没有法律效力。我国法律明确规定,无民事行为能力人设立的遗嘱是没有法律效力的。小腾只是一个7岁的孩子,属于无民事行为能力人,设立的遗嘱是没有法律效力的。

【法条链接】

《民法总则》第二十条 不满八周岁的未成年人为无民事行为能力人,由其法定代理人代理实施民事法律行为。

《继承法》第二十二条第一款 无行为能力人或者限制行为能力人所立的遗嘱无效。

以电子邮件形式所立的遗嘱有效吗

【案例】

随着网络的不断普及，许多老人也学会了用电脑发电子邮件，有的老人甚至将自己的遗嘱写在电子邮件中。那么，以电子邮件形式所立的遗嘱有效吗？

【法律解析】

无效。订立有效的遗嘱不仅要具备法定的实质要件，如必须有遗嘱能力，遗嘱的内容必须合法，遗嘱必须是遗嘱人自由、真实意愿的表达等，遗嘱还必须符合法定形式要件。《继承法》规定了五种遗嘱形式：公证遗嘱、自书遗嘱、代书遗嘱、录音遗嘱和口头遗嘱。以电子邮件形式所立的遗嘱不符合法定形式，因此是无效的。

【法条链接】

《继承法》第十七条 公证遗嘱由遗嘱人经公证机关办理。

自书遗嘱由遗嘱人亲笔书写，签名，注明年、月、日。

代书遗嘱应当有两个以上见证人在场见证，由其中一人代书，注明年、月、日，并由代书人、其他见证人和遗嘱人签名。

以录音形式立的遗嘱，应当有两个以上见证人在场见证。

遗嘱人在危急情况下，可以立口头遗嘱。口头遗嘱应当有两个以上见证人在场见证。危急情况解除后，遗嘱人能够用书面或者录音形式立遗嘱的，所立的口头遗嘱无效。

个人所立的遗嘱必须经过公证才有法律效力吗

【案例】

经商多年的董某，有一笔巨款。因现在年事已高，所以他想立一份遗嘱，将存款分割，分别交给三个儿子。但他听别人说，个人所立的遗嘱一定要经过公证才有法律效力。请问，有这样的法律规定吗？

【法律解析】

没有这样的法律规定，遗嘱不是一定非要经过公证才有法律效力的。只要符合相关法规中对遗嘱的规定即可。根据《继承法》第十六条的规定，董某可以立遗嘱，将存款分给三个儿子。

【法条链接】

《继承法》第十六条　公民可以依照本法规定立遗嘱处分个人财产，并可以指定遗嘱执行人。

公民可以立遗嘱将个人财产指定由法定继承人的一人或者数人继承。

公民可以立遗嘱将个人财产赠给国家、集体或者法定继承人以外的人。

有多份遗嘱的，应适用哪一份

【案例】

李某退休后跟儿子一起生活。2002年2月，他自书遗嘱，决定在其去世后，全部存款和一套房屋由儿子继承。后来因儿媳妇不孝顺，李某搬到女儿家居住。2004年5月，李某又立了一份遗嘱，内容是全部存款归女儿，房屋由儿子继承，并作了公证。2006年12月，李某病重住进医院，女儿细心照顾，可是儿子很少去探望。在弥留之际，他当着三位医护人员的面立下口头遗嘱，将其全部存款和一套房屋都留给女儿继承。李某去世后，儿女在继承遗产时发生纠纷。那么，三份遗嘱中应适用哪一份？

【法律解析】

应适用第二份公证遗嘱。本案中，李某分别立有自书、公证、口头遗嘱。如果三份遗嘱都符合法律规定，则以公证遗嘱为准。因为，所有的遗嘱形式中公证遗嘱效力最高，在已有一份公证遗嘱的情况下，其他形式的遗嘱都不能推翻公证遗嘱，除非再立一份公证遗嘱才能推翻之前的公证遗嘱。李某立有一份公证遗嘱，最后的口头遗嘱不能变更之前的公证遗嘱，所以应适用公证遗嘱。

【法条链接】

《继承法》第二十条　遗嘱人可以撤销、变更自己所立的遗嘱。

立有数份遗嘱，内容相抵触

我要立个口头遗嘱

的，以最后的遗嘱为准。

自书、代书、录音、口头遗嘱，不得撤销、变更公证遗嘱。

遗嘱可以剥夺法定继承人的继承权吗

【案例】

李某一生艰苦奋斗，创办了一家全国知名的大型企业。李某立下遗嘱，自己死后，名下所有的资产全部捐献给希望小学。遗嘱中没有提到给其在美国工作的子女保留遗产的条款。那么，李某死后，其子女可以要求继承遗产吗？

【法律解析】

不能。《继承法》规定，继承开始后，如果有遗嘱，按照遗嘱规定的继承，即使遗嘱没有给法定继承人留下遗产，仍然是有效的遗嘱，即遗嘱可以排除法定继承人的继承权，但《继承法》同时规定，遗嘱应当对缺乏劳动能力又没有生活来源的继承人保留必要的遗产份额。本案中，李某的子女在美国工作，不属于没有劳动能力又无生活来源的人。因此，遗嘱有效，李某的子女不能要求继承遗产。

【法条链接】

《继承法》第五条 继承开始后，按照法定继承办理；有遗嘱的，按照遗嘱继承或者遗赠办理；有遗赠扶养协议的，按照协议办理。

第十六条 公民可以依照本法规定立遗嘱处分个人财产，并可以指定遗嘱执行人。

公民可以立遗嘱将个人财产指定由法定继承人的一人或者数人继承。

公民可以立遗嘱将个人财产赠给国家、集体或者法定继承人以外的人。

第十九条 遗嘱应当对缺乏劳动能力又没有生活来源的继承人保留必要的遗产份额。

遗赠

养子女有权接受生父母的遗赠吗

【案例】

容某在3岁时与父母失散，父母遍寻不到孩子，后来去了英国。容某后来被赵氏夫妇收养。容某现已成年，被赵氏夫妇送到英国留学。在英国，一次偶然的机会，容某与生父母重逢。容某的生父母非常激动，立下遗嘱，死后将所有的财产赠与容某。容某可以接受生父母的赠与吗？

【法律解析】

容某可以接受生父母的遗赠。我国法律规定，养子女与生父母之间的权利义务关系随着与养父母收养关系的成立而解除，养子女因此丧失法定继承人的资格。但《继承法》规定，公民可以立遗嘱将个人财产赠与继承人以外的人，因此，在本案中，容某虽与其生父母没有法律上的权利义务关系，但他可以接受生父母的赠与。

【法条链接】

《继承法》第十六条第三款　公民可以立遗嘱将个人财产赠给国家、集体或者法定继承人以外的人。

遗嘱与遗赠扶养协议哪个优先

【案例】

姜某在离世前，立下遗嘱，全部的财产由儿子继承。同时，又与长年照顾自己的保姆签订了遗赠扶养协议，保姆履行了协议规定的内容。继承开始后，发生了纠纷。这样的情况要如何处理？

【法律解析】

依据法律规定，被继承人生前与他人订有遗赠扶养协议，同时又立有遗嘱的，继承开始后，如果遗赠扶养协议与遗嘱没有抵触，遗产分别按协议和遗嘱处理；如果有抵触，按协议处理，与协议抵触的遗嘱全部或部分无效。因此本案的遗产分配应按遗赠扶养协议进行。

【法条链接】

《继承法》第五条　继承开始后，按照法定继承办理；有遗嘱的，按照遗嘱继承或者遗赠办理；有遗赠扶养协议的，按照协议办理。

《继承法意见》第五条　被继承人生前与他人订有遗赠扶养协议，同时又立有遗嘱的，继承开始后，如果遗赠扶养协议与遗嘱没有抵触，遗产分别按协议和遗嘱处理；如果有抵触，按协议处理，与协议抵触的遗嘱全部或部分无效。

合同篇

理智交易警惕陷阱

合同的订立与效力

未成年人签订的合同是否具有法律效力

【案例】

14周岁的于某，是某中学初中一年级的学生。一天路过一家网吧，于某见里边正在处理电脑，每台只卖1700元。于某想将电脑买下来。他算了算自己手头的压岁钱，共有1000元，便和网吧老板商量，先交1000元把电脑取走，其余700元老板和他一道回家去取，两人还签订了一份合同书。将电脑运回家后，网吧老板和于某的父母说明情况，要求于某的父母支付剩下的700元钱。于某的父母认为自己并不想买电脑，小孩子不懂事不能算数，要求网吧老板将电脑拉回，并返还已交的1000元钱。网吧老板认为，买电脑属于某自愿，且已经签了合同书，如果不买就属违约。这1000元属定金，买卖不成，定金也不能退还。双方争执不下，于某的父母起诉到了法院。请问，未成年人签订的合同具有法律效力吗？

【法律解析】

本案中，于某与网吧老板签订的合同属于效力待定合同。所谓效力待定合同，即合同某些方面不符合生效的要件，但并不属于无效合同或者可撤销合同，是通过当事人采取必要的补救办法，可以发生法律效力的合同。根据《合同法》第四十七条的规定，限制民事行为能力人订立的合同，经法定代理人追认后，该合同有效，也就是说，合同有效与否，取决于法定代理人是否追认。本案中，于某的法定代理人即他的父母对于其购买电脑一事持反对态度，即于某父母对这一效力待定的合同是拒绝追认的，那么于某与网吧老板所签订买卖电脑的合同为无效合同，网吧老板不能以定金形式扣押这1000元钱。

【法条链接】

《合同法》第四十七条 限制民事行为能力人订立的合同，经法定代理人追认后，该合同有效，但纯获利益的合同或者与其年

龄、智力、精神健康状况相适应而订立的合同，不必经法定代理人追认。

相对人可以催告法定代理人在一个月内予以追认。法定代理人未作表示的，视为拒绝追认。合同被追认之前，善意相对人有撤销的权利。撤销应当以通知的方式作出。

没有签订书面合同，但已履行完毕是否有效

【案例】

2009年3月15日，某外贸公司为出口化工原料，到某化工厂采购化工原料400吨。外贸公司到化工厂看了样品、包装样品及产品说明书，双方口头商定：由化工厂于同年5月20日前将400吨化工原料托运到外贸公司仓库，产品质量达到国家标准，每吨价格为2000元，付款结算办法为先由化工厂发货，然后由化工厂凭本厂发货及铁路托运票证到外贸公司结算，发一批货，结一次款项。此次商谈的两天后，外贸公司给化工厂打来电话称："将原定的400吨改为600吨，质量、价格、到站地点与原商定一样，无变化。"

后来由于外贸公司未与外商正式签订合同，外商改变了从中国进口此货的计划。在此情况下，外贸公司既未令化工厂停止发货，也未从某仓库将货物取走或转为内销。11月，外贸公司发现此化工原料已经变质，于是找到化工厂要求其处理此货。此时，化工厂与该外贸公司已结算了全部货款。化工厂以合同已经履行完毕，该化工原料已超过保质期为由拒绝处理。双方协商不成，外贸公司以双方口头约定不明确、产品质量有问题为由，将化工厂起诉至法院，要求退货给对方，并由对方承担一切损失。请问，没有签订书面合同，但已履行完毕是否有效？

【法律解析】

当事人订立合同，有书面形式、口头形式和其他形式，一般情况下，可由当事人自行决定。根据《合同法》第三十六条的规定，法律、行政法规规定或者当事人约定采用书面形式订立合同，当事人未采用书面形式但一方已经履行主要义务，对方接受的，该合同成立。根据本案合同履行的实际情况：化工厂托运以后，凭厂方发票和铁路托运单结算，交一批货结一笔款。外贸公司已经全部付清货款。所以，本案合同的履行实际上是即时清结的，可以不要求采用书面形式。而且合同主要义务已经履行完毕，因此，该口头合同有效成立。

【法条链接】

《合同法》第十条 当事人订立合同，有书面形式、口头形式和其他形式。

法律、行政法规规定采用书面形式的，应当采用书面形式。当事人约定采用书面形式的，应当采用书面形式。

第三十六条 法律、行政法规规定或者当事人约定采用书面形式订立合同，当事人未采用书面形式但一方已经履行主要义务，对方接受的，该合同成立。

一方没有签字，但是已履行的合同有效吗

【案例】

王某与同乡的郭某签订了冬枣买卖协议，由郭某在一周内给王某发一车冬枣，货到付款。王某签字后将合同快递给郭某，郭某因公司负责签字盖章的人员出差而未能及时签字盖章，但还是根据合同约定的时间向王某发货，王某在签收单上签字表示收到货物。后来，王某以郭某没有在合同上签字盖章为由，认为合同不生效，拒绝付给郭某货款。那么，这个合同生效吗？

【法律解析】

这个合同是具有法律效力的。根据《合同法》相关规定，双方采用书面形式订立合同，没有签字或者盖章的一方已经按照合同履行了主要义务的，该合同有效。现实中，确实存在一方当事人由于路途遥远或者如本案中负责签字盖章的人员不在等，合同又不得不马上履行；对方当事人则由于某些原因，以履行合同一方没有签字或盖章为由提出解约或不承认合同成立。在此情况下，法律本着公正与鼓励交易的原则，采取了保护已履行主要义务一方合法权益的做法，认定此种情形下合同有效。

【法条链接】

《合同法》第三十六条 法律、行政法规规定或者当事人约定采用书面形式订立合同，当事人未采用书面形式但一方已经履行主要义务，对方接受的，该合同成立。

公司不同意确定中标人，能拒绝签合同吗

【案例】

2009年7月，甲公司为采购一批设备，委托一家招投标公司组成评标委员

会进行招标活动。乙公司通过现场竞标后，经过评标委员会评议被确定为中标单位，并于次日由评标委员会出具了中标通知书。但是甲公司通过考察，不同意确定乙公司为中标人。那么，甲公司能拒绝与乙公司签订合同吗？

【法律解析】

招投标活动属于合同的缔约阶段，评标委员会出具的中标通知书违反了应由招标人核发的规定。对中标人的确定，《中华人民共和国招标投标法》（以下简称《招标投标法》）规定了两种方式：一是招标人授权评标委员会直接确定中标人；二是招标人在评标委员会推荐的中标候选人中确定中标人。在本案中，甲公司没有在评标委员会推荐的中标候选人中确定中标人，也没有授权评标委员会直接确定中标人，表明评标委员会确定中标人并发出中标通知书超出了甲公司的授权，不能视为是甲公司核发了中标通知书。因此，甲公司可以拒绝与乙公司签订合同。

【法条链接】

《招标投标法》第四十条 评标委员会应当按照招标文件确定的评标标准和方法，对投标文件进行评审和比较；设有标底的，应当参考标底。评标委员会完成评标后，应当向招标人提出书面评标报告，并推荐合格的中标候选人。

招标人根据评标委员会提出的书面评标报告和推荐的中标候选人确定中标人。招标人也可以授权评标委员会直接确定中标人。

……

合同履行中的纠纷

合同对交易价格不明确，应当如何确定

【案例】

2009年5月，内地某批发市场打算在8月从沿海某市购进一批海产品。当时，该地水产品批发价格为每公斤60元，而据批发市场了解，此时沿海某市水产品的批发价格为50元每公斤。于是内地某批发市场便与沿海某市某水产品公司在本地签订了一份水产品买卖合同，合同约定水产品公司于8月向内地某批发市场供应水产品20吨，采取买方自提的方式由批发市场到水产品公司提货，

经验收合格后即时付款，合同约定水产品价格按照市价计算。由于某些原因，从2009年6月开始，市场上水产品价格开始整体下滑，内地水产品市场的水产品降为每公斤45元，而沿海某市水产品市场的价格则降为每公斤35元。8月，内地某批发市场到沿海某市某水产品公司提货时表示，双方已在合同中约定了按市价购买水产品，现在水产品市场的价格出现了普遍下滑的趋势，因此希望按照两市的平均价格来计算这批水产品的交易价格。而沿海某市某水产品公司本想按照5月签订合同时本地水产品市场的价格来计算交易价格，现在价格下降自己经济效益也会减少，因此不同意批发市场的请求，坚持按照5月签订合同时本地的市场价格来确定本次交易价格。双方就价格问题争论不休，不能达成一致意见，诉至法院。请问，合同对交易价格不明确，应该如何确定呢？

【法律解析】

本案双方当事人在合同中约定按照市价来计算这批水产品的价格，但对何地何时的市价并未作明确约定，这属于价格约定不明确的情形。根据《合同法》相关规定，当事人就质量、价款等内容约定不明确的，可以协议补充；不能达成补充协议的，按照合同有关条款或者交易习惯确定；仍不能确定的，如果有价款或者报酬不明确的情形，按照订立合同时履行地的市场价格履行。因此，本案中市价可按照订立合同时履行地的价格来履行，即5月的价格来计算。同时，合同约定由批发市场到水产品公司自行提货，可见合同履行地为沿海某市，因此应按5月沿海某市水产品价格来计算。

【法条链接】

《合同法》第六十一条　合同生效后，当事人就质量、价款或者报酬、履行地点等内容没有约定或者约定不明确的，可以协议补充；不能达成补充协议的，按照合同有关条款或者交易习惯确定。

第六十二条　当事人就有关合同内容约定不明确，依照本法第六十一条的规定仍不能确定的，适用下列规定：

……

（二）价款或者报酬不明确的，按照订立合同时履行地的市场价格履行；依法应当执行政府定价或者政府指导价的，按照规定履行。

……

合同对交易时间不明确，应当如何确定

【案例】

2009年4月，某食品加工厂向某养殖场订购了20吨带鱼，约定一年内分四次交货，但对具体的交货时间没有作明确约定。合同签订不久，养殖场通知食品加工厂，欲于2009年8月之前将带鱼分四次全部交给食品加工厂。食品加工厂以带鱼加工是循序渐进的过程且没有足够的冷冻仓库为由，拒绝在8月之前分四次收货，认为应该按照以往的交易习惯，每两个月收一次货。那么本案中，谁的主张能得到法律的支持？

【法律解析】

《合同法》规定，合同签订后，双方就质量、价款或者报酬、履行地点等内容没有约定或者约定不明确的，可以补充协议；不能达成补充协议的，按照合同有关条款或者交易习惯确定。本案中双方对合同履行的具体时间没有约定，可以就此签订补充协议，按照双方以往共同遵循的交易习惯进行。如果达不成协议，根据《合同法》第六十二条的规定，履行期限不明确的，债务人可以随时履行，债权人也可以随时要求履行，但应当给对方必要的准备时间。案例中，带鱼属于保质期短易腐烂的鲜活食物，食品加工厂表示自己没有那么大的冷冻仓库，如果短时间内大量购进只会造成损失，因此，本着合同履行的诚实信用原则，养殖场应该两个月交一次货，而不应随时交货。食品加工厂的主张能够得到法律支持。

【法条链接】

《合同法》第六十一条 合同生效后，当事人就质量、价款或者报酬、履行地点等内容没有约定或者约定不明确的，可以协议补充；不能达成补充协议的，按照合同有关条款或者交易习惯确定。

第六十二条 当事人就有关合同内容约定不明确，依照本法第六十一条的规定仍不能确定的，适用下列规定：

......

（四）履行期限不明确的，债务人可以随时履行，债权人也可以随时要求履行，但应当给对方必要的准备时间。

......

照相馆"如有遗失只赔胶卷费"合法吗

【案例】

卢某将拍摄父母当年婚礼的一卷胶卷交给某照相馆冲印，预交了费用50元，照相馆开出一张印单交给卢某，印单上注有"如有意外损坏或者遗失，赔偿同类同号胶卷一卷或相当价值的现金"的字样。后来照相馆将该胶卷遗失。卢某要求赔偿精神损失，照相馆引用免责条款，只同意赔偿一卷胶卷的钱。那么，照相馆"如有遗失只赔胶卷费"的约定合法吗？

【法律解析】

本案中，照相馆印单上"如有意外损坏或者遗失，赔偿同类同号胶卷一卷或相当价值的现金"，属于格式合同中的限制责任条款，按照《合同法》第三十九条、第四十条、第五十三条的相关规定，此条约定对消费者是没有法律约束力的，应当归于无效。同时根据《精神损害赔偿解释》中的相关规定，照相馆的行为属侵权行为，卢某有权要求精神损害赔偿。

【法条链接】

《合同法》第三十九条 采用格式条款订立合同的，提供格式条款的一方应当遵循公平原则确定当事人之间的权利和义务，并采取合理的方式提请对方注意免除或者限制其责任的条款，按照对方的要求，对该条款予以说明。

格式条款是当事人为了重复使用而预先拟定，并在订立合同时未与对方协商的条款。

第四十条 格式条款具有本法第五十二条和第五十三条规定情形的，或者提供格式条款一方免除其责任、加重对方责任、排除对方主要权利的，该条款无效。

第五十三条 合同中的下列免责条款无效：

（一）造成对方人身伤害的；

（二）因故意或者重大过失造成对方财产损失的。

《精神损害赔偿解释》第四条　具有人格象征意义的特定纪念物品，因侵权行为而永久性灭失或者毁损，物品所有人以侵权为由，向人民法院起诉请求赔偿精神损害的，人民法院应当依法予以受理。

什么是先履行抗辩权

【案例】

2008年4月，作者云某与某影视公司签订约稿协议，约定一年内按双方确定的要求写出家庭喜剧剧本一部，写完后影视公司即支付约定稿酬的40%，然后云某把全稿交付影视公司编审并安排拍摄事宜。2009年2月，云某通知影视公司已经完稿，要求支付40%的报酬以后将稿件交付影视公司；而影视公司却坚持要看到全稿才支付约定的报酬。这种情况应该如何处理？

【法律解析】

本案属于《合同法》中规定的"先履行抗辩权"的情形，影视公司应该先支付40%的稿酬，才可向云某索要全部剧本。先履行抗辩权是指在双方互负债务的合同中，应当先履行的一方当事人未履行或者不适当履行，到履行期限的对方当

事人享有不履行、部分履行的权利。本案中按照合同约定，应该先由影视公司支付40%的稿酬，因此在支付40%的稿酬之前，云某有不履行合同的权利。

【法条链接】

《合同法》第六十七条 当事人互负债务，有先后履行顺序，先履行一方未履行的，后履行一方有权拒绝其履行要求。先履行一方履行债务不符合约定的，后履行一方有权拒绝其相应的履行要求。

合同先行履行不符合约定，后行履行该怎么办

【案例】

某贸易进出口公司与一家内地服装加工公司签订了一份合同。按合同规定，服装加工公司按时为贸易进出口公司提供的服装产品必须做工精良，质量较高。在一次双方履行合约过程中，贸易进出口公司发现服装加工公司提供的产品中有些做工粗糙的服装充斥其间，于是以不符合合同要求为由未接收并拒绝付款。服装加工公司不服，以该贸易进出口公司不履行合约为由将其诉至法院。请问，合同先行履行不符合约定的，后行履行的该怎么办？

【法律解析】

本案中，作为先履行义务一方的服装加工公司，没有提供高质量的服装产品给贸易进出口公司。根据《合同法》第六十七条的规定，当事人互负债务，有先后履行顺序，先履行一方未履行的，后履行一方有权拒绝其履行要求。先履行一方履行债务不符合约定的，后履行一方有权拒绝其相应的履行要求。因此，作为先履行义务一方的服装加工公司，其履行义务不符合约定，这种情况下，贸易进出口公司的做法符合《合同法》规定，并未违约。

【法条链接】

《合同法》第六十七条 当事人互负债务，有先后履行顺序，先履行一方未履行的，后履行一方有权拒绝其履行要求。先履行一方履行债务不符合约定的，后履行一方有权拒绝其相应的履行要求。

什么是不安抗辩权

【案例】

路某与邹某订立货物买卖合同，双方约定路某于2009年7月14日交货，邹某于收到货物后1周内向路某支付货款。2009年6月，路某发现邹某有转移大笔财产的行为，为防邹某收到货物无法按时向其付款，路某决定暂不向邹某交货。7月14日后邹某见路某拒不交货，于是向法院提起诉讼，请求路某按时交货。法院会支持邹某的诉讼请求吗？

【法律解析】

本案属于《合同法》中规定的"不安抗辩权"的情形。不安抗辩权是指双方合同成立后，应当先履行的当事人有证据证明对方不能履行合同义务，或者有不能履行合同义务的可能性时，在对方没有履行或提供担保前，有权中止履行合同义务。当事人行使不安抗辩权后，倘若对方当事人提供了担保或者先履行了合同，不安抗辩权消灭，当事人应当履行合同。应当先履行合同的当事人行使了不安抗辩权，对方当事人既未提供担保，也不能证明自己的履约能力，行使不安抗辩权的当事人有权解除合同。当事人行使不安抗辩权错误的，应当承担违约责任。因此，如果路某有确实的证据证明邹某有转移财产企图逃避债务的行为，可以不向邹某履行合同。

【法条链接】

《合同法》第六十八条 应当先履行债务的当事人，有确切证据证明对方有下列情形之一的，可以中止履行：

（一）经营状况严重恶化；

（二）转移财产、抽逃资金，以逃避债务；

（三）丧失商业信誉；

（四）有丧失或者可能丧失履行债务能力的其他情形。

当事人没有确切证据中止履行的，应当承担违约责任。

第六十九条 当事人依照本法第六十八条的规定中止履行的，应当及时通知对方。对方提供适当担保时，应当恢复履行。中止履行后，对方在合理期限内未恢复履行能力并且未提供适当担保的，中止履行的一方可以解除合同。

合同的撤销、解除与终止

合同被撤销，造成的损失谁来赔偿

【案例】

　　小马与小姜是好朋友，小马见小姜没有正当职业，就口头答应赠送给小姜5万元钱帮小姜开一个包子铺。小姜听后，租了房子、买了器具，并请了师傅，办理了营业执照，只等着拿钱上货运营了。这时，小马却告诉小姜由于自己生意亏损，无法再把钱赠送给他。小姜不同意，认为自己已经为此支出了近2万元，如果小马不把钱给他，他先前租房子、买设备、请师傅以及办营业执照的钱就白花了，但是小马仍然不肯把钱给小姜。那么，此时小马需要把5万元钱赠送给小姜吗？小姜为此的支出小马是否有赔偿义务？

【法律解析】

　　本案中小马与小姜之间虽然形成了有效的赠与合同，但根据《合同法》的相关规定，赠与合同中，赠与人在财产转移前可以撤销赠与，小马享有撤销权，可以不必继续履行合同。但是，对于因此给小姜造成的损失，根据《合同法》的规定，当事人在订立合同的过程中如果有违背诚实信用原则的行为给对方造成损失的，应当承担损害赔偿责任，因此，小马必须对小姜因此造成的损失给予赔偿。

【法条链接】

　　《合同法》第四十二条　当事人在订立合同过程中有下列情形之一，给对方造成损失的，应当承担损害赔偿责任：

　　（一）假借订立合同，恶意进行磋商；

　　（二）故意隐瞒与订立合同有关的重要事实或者提供虚假情况；

　　（三）有其他违背诚实信用原则的行为。

　　第五十八条　合同无效或者被撤销后，因该合同取得的财产，应当予以返还；不能返还或者没有必要返还的，应当折价补偿。有过错的一方应当赔偿对方因此所受到的损失，双方都有过错的，应当各自承担相应的责任。

　　第一百八十六条第一款　赠与人在赠与财产的权利转移之前可以撤销赠与。

违约方放弃定金，就可以解除合同吗

【案例】

2006年9月16日，A汽车制造厂与B进出口公司签订了一份购销合同，规定由A汽车制造厂供给B进出口公司某种品牌的汽车50辆，单价98000元，总计货款490万元。合同规定，B进出口公司须在同年11月底前将货款汇入A汽车制造厂的账户，款到账10日内由A汽车制造厂将货供完。倘若到期不履行合同，承担货款的5%的违约金。另外，从合同签署之日起，B进出口公司须于5日内交付15万元定金。同年11月5日，A汽车制造厂向B进出口公司发去传真，要求B进出口公司付款。B进出口公司复电声称：因资金短缺，希望先发货，再付款，A汽车制造厂予以拒绝。在A汽车制造厂多次催促下，B进出口公司于同年11月25日复函正式表示，B进出口公司自愿放弃15万元定金，作为解除合同的代价。A汽车制造厂遂向法院提起诉讼，要求B进出口公司履行合同，支付违约金，并赔偿其一切损失。法院会支持A汽车制造厂的诉讼请求吗？违约方放弃定金，就真的可以解除合同吗？

【法律解析】

实践中，定金最基本的形式包括解约定金和违约定金两类。解约定金，是指当事人为保留单方解除主合同的权利而交付的定金，一方在交付解约定金以后可以放弃定金而解除合同，这种定金的特点在于通过定金的放弃给予当事人解除合同的权利和机会。违约定金，是指在接受定金以后，一方当事人不履行主合同，应当按照定金罚则予以制裁。违约定金设立的目的主要是防止一方违约，督促双方履行。此种定金在实践中运用得最为广泛。

从本案来看，当事人在合同中规定定金条款时，并没有规定B进出口公司支付定金以后，可以享有解除合同的权利，因此，合同规定的定金并非解约定金，而是违约定金。既然是违约定金，即使放弃定金，也不能解除合同，仍应继续履行合同义务。

在B进出口公司已经构成违约的情况下，B进出口公司作为交付定金一方，依据定金罚则自然丧失定金。此案中，当事人在合同中既设定了定金，又规定了货款的5%的违约金，对同一违约行为如果同时运用违约金处罚和定金处罚，对B进出口公司来说显得过于苛刻，且会使A汽车制造厂获得不应该获得的收入。因此，运用定金罚则就不应该再运用违约金制裁。所以A汽车制造厂的其他请求，法院不会予以支持。

【法条链接】

《最高人民法院关于适用〈中华人民共和国担保法〉若干问题的解释》（以下简称《担保法解释》）第一百一十七条 定金交付后，交付定金的一方可以按照合同的约定以丧失定金为代价而解除主合同，收受定金的一方可以双倍返还定金为代价而解除主合同。对解除主合同后责任的处理，适用《中华人民共和国合同法》的规定。

《合同法》第一百一十五条 当事人可以依照《中华人民共和国担保法》约定一方向对方给付定金作为债权的担保。债务人履行债务后，定金应当抵作价款或者回收。给付定金的一方不履行约定的债务的，无权要求返还定金；收受定金的一方不履行约定的债务的，应当双倍返还定金。

第一百一十六条 当事人既约定违约金，又约定定金的，一方违约时，对方可以选择适用违约金或者定金条款。

债务还没到期，能够主张抵销吗

【案例】

朱某因做服装生意而向朋友任某借了1万元钱，约定3年以后连本带息一起归还。1年以后，任某提出自己也想做服装生意，以极低的价格、赊欠的方式多次向朱某购进服装一百多套进行销售，获利颇丰，共计欠朱某服装货款1万余元。此时朱某由于要扩大规模急需用钱，于是向任某提出要其先偿还这1万元的服装货款。任某提出以朱某欠他的1万元钱抵销，双方互不欠债。那么，朱某可以要求任某先还他的服装货款吗？

【法律解析】

根据《合同法》第九十九条第一款的规定，当事人互负到期债务，该债务的标的物种类、品质相同的，任何一方可以将自己的债务与对方的债务抵销，但依照法律规定或者按照合同性质不得抵销的除外。实践中，抵销的生效条件有以下几种：必须是双方当事人互负债务、互享债权；必须是相同种类的债务；主动提出抵销的当事人债权已到期。本案中，双方当事人虽然互负同种类的债务，但是提出抵销的当事人任某的债务还没有到期，而他欠朱某的服装货款没有约定偿还的期限，朱某可以随时索要，因此任某提出抵销，朱某可以不同意，可以要求任某先还其服装货款。

【法条链接】

《合同法》第九十九条第一款　当事人互负到期债务，该债务的标的物种类、品质相同的，任何一方可以将自己的债务与对方的债务抵销，但依照法律规定或者按照合同性质不得抵销的除外。

合同没到期，商场有权解除合同吗

【案例】

2008年8月，于某在一家新开的商场租了一个摊位经营服装，当时交了1万元的押金，合同期限为3年，要求每半年交一次租金。由于总体经营状况不好，商场一直没有向于某等收过租金。但是2009年9月的时候，商场突然向于某等收起租金来，而且要求一次性交清，不交就解除合同，1万元的押金也就不退了。那么，商场有权在合同没到期之前解除合同吗？于某还能要回押金吗？

【法律解析】

根据《合同法》第二百二十六条的规定，承租人应当按照约定的期限支付租金。对支付期限没有约定或者约定不明确，依照本法第六十一条的规定仍不能确定，租赁期间不满一年的，应当在租赁期间届满时支付；租赁期间一年以上的，应当在每届满一年时支付，剩余期间不满一年的，应当在租赁期间届满时支付。根据《合同法》第二百二十七条的规定，承租人无正当理由未支付或者迟延支付租金的，出租人可以要求承租人在合理期限内支付。承租人逾期不支付的，出租人可以解除合同。因此如果于某等逾期不支付租金，出租人可以解除合同。押金具有担保义务人履行合同的作用，给付押金一方当事人如果不履行合同义务的，无权收回押金。本案中，于某应当按照约定每半年交一次租金，商场不能要求一次性交齐，无权解除合同。

【法条链接】

《合同法》第二百二十六条　承租人应当按照约定的期限支付租金。对支付期限没有约定或者约定不明确，依照本法第六十一条的规定仍不能确定，租赁期间不满一年的，应当在租赁期间届满时支付；租赁期间一年以上的，应当在每届满一年时支付，剩余期间不满一年的，应当在租赁期间届满时支付。

第二百二十七条　承租人无正当理由未支付或者迟延支付租金的，出租人可以要求承租人在合理期限内支付。承租人逾期不支付的，出租人可以解除合同。

违约责任

因第三方的原因造成违约，就不承担违约责任吗

【案例】

A公司要运送一批货物给B公司，委托C汽车运输公司运输。C汽车运输公司安排本公司的司机牛某驾驶汽车运输。运输过程中，由于牛某的过失发生交通事故，致使货物受损。B公司未能及时收到货物而发生损失。那么，B公司应该向A公司还是C汽车运输公司或者牛某要求承担责任呢?

【法律解析】

根据《合同法》第一百二十一条的规定，当事人一方因第三人的原因造成违约的，应当向对方承担违约责任。当事人一方和第三人之间的纠纷，依照法律规定或者按照约定解决。

也就是说，依据合同相对性原则，合同关系只能发生在合同当事人之间，只有合同当事人才能享有某个合同所规定的权利，并承担合同所规定的义务，合同当事人以外的任何第三人不能主张合同上的权利，同时，合同的违约责任也只能在合同关系的当事人之间发生，合同关系以外的第三人，不负违约责任，合同当事人也不对其承担违约责任。本案中A公司和B公司之间存在合同关系，而B公司与C汽车运输公司之间不存在合同关系，A公司是义务人，负有履行债务的义务。A公司在向B公司承担责任以后，可以依法向C汽车运输公司请求追偿。

【法条链接】

《合同法》第一百二十一条 当事人一方因第三人的原因造成违约的，应当向对方承担违约责任。当事人一方和第三人之间的纠纷，依照法律规定或者按照约定解决。

定金、违约金和赔偿金

【案例】

2008年9月15日，A公司与B公司签订了海上货物运输合同。合同约定，B公司于同年10月4日至9日派轮船为A公司从大连运袋装核桃1万吨到厦门，运费为每吨人民币80元;A公司应付给B公司定金人民币16万元。合同未订违约

金条款。签订合同当日，A公司即向B公司支付16万元。但是B公司未在合同约定的期间派船到装货港受载。10月9日，B公司向A公司提出解除合同，A公司不同意解除合同，多次催B公司继续履行合同。但是B公司仍不派船运输。11月15日，A公司诉至法院称B公司单方解除合同系违约行为，应当依法承担违约责任，要求B公司双倍返还定金，并且支付违约金1万元和赔偿货物在港超期堆存费等65000元。那么，A公司的诉讼请求能得到法院的支持吗？

【法律解析】

根据《合同法》第一百一十五条的规定，当事人可以依照《担保法》约定，一方向对方给付定金作为债权的担保。债务人履行债务后，定金应当抵作价款或者收回。给付定金的一方不履行约定的债务的，无权要求返还定金；收受定金的一方不履行约定的债务的，应当双倍返还定金。根据《合同法》第一百一十六条的规定，当事人既约定违约金，又约定定金的，一方违约时，对方可以选择适用违约金或者定金条款。因此，定金与违约金不能并处。但适用定金罚则后，不能补偿非违约方损失的，可以由违约方赔偿这部分损失，即由违约方给付赔偿金，以补偿非违约方的实际损失。

本案中，A公司与B公司签订的书面海上货物运输合同中订有支付定金条款，而且已经实际支付。B公司单方解除合同，虽给A公司造成损失，但损失额明显小于B公司双倍返还定金的数额。因此，B公司只需要双倍返还定金而不用再向A公司支付违约金及赔偿金。

【法条链接】

《合同法》第一百一十五条 当事人可以依照《中华人民共和国担保法》约定一方向对方给付定金作为债权的担保。债务人履行债务后，定金应当抵作价款或者收回。给付定金的一方不履行约定的债务的，无权要求返还定金；收受定金的一方不履行约定的债务的，应当双倍返还定金。

第一百一十六条 当事人

既约定违约金，又约定定金的，一方违约时，对方可以选择适用违约金或者定金条款。

出租车司机因误时造成乘客损失，如何赔偿

【案例】

方某是一家私营企业的老板，一天上午9：50的时候他从单位门口拦了一辆出租车，对司机说必须在10：30之前赶到某会馆签约，否则自己将损失30万元。司机表示没有问题，正常情况下25分钟就可以到达该会馆，可是由于司机绕路加油又遇到一段路程修路，到会馆时已是10：50，导致签约失败，造成利润损失30万元。方某于是起诉出租车公司，要求赔偿他30万元。那么，方某的请求会得到法院的支持吗？

【法律解析】

根据《合同法》第一百一十三条第一款的规定，当事人一方不履行合同义务或者履行合同义务不符合约定，给对方造成损失的，损失赔偿额应当相当于因违约所造成的损失，包括合同履行后可以获得的利益，但不得超过违反合同一方订立合同时预见到或者应当预见到的因违反合同可能造成的损失。本案中，出租车司机应该熟悉本市的路况并且对行车时间、行车路线等作充分的估计。但是由于其过错行为使方某没有赶上签约，造成了30万元的可得利益损失。由于出租车司机属出租车公司工作人员，因此其行为的责任应该由出租车公司承担。出租车公司在赔偿方某后，有权向该司机追偿。

【法条链接】

《合同法》第一百一十三条第一款 当事人一方不履行合同义务或者履行合同义务不符合约定，给对方造成损失的，损失赔偿额应当相当于因违约所造成的损失，包括合同履行后可以获得的利益，但不得超过违反合同一方订立合同时预见到或者应当预见到的因违反合同可能造成的损失。

由第三人造成的违约责任，需分别解决吗

【案例】

2009年8月，某中学向某商贸公司购买了200台教学电脑，并签订了合同。合同约定，每台电脑2500元，共计货款人民币50万元，由该商贸公司于同

年10月底前将电脑送至该中学。该中学在合同签订以后向商贸公司预付货款20万元，其余货款在收到全部电脑后一个月内结清，如一方违约，应向对方交违约金5万元，并赔偿相关损失。该商贸公司在送货途中运输车被个体运输户袁某的货车撞翻，致使20台电脑受损。经交管部门认定，此次事故的责任由袁某负全责。某商贸公司见责任不在自己，因此不肯承担某中学的损失。某中学对此则有异议，多次派人交涉，均无结果，于是告上法院。那么，由第三人造成的违约责任，该如何解决呢？

【法律解析】

根据《合同法》第一百二十一条的规定，当事人一方因第三人的原因造成违约的，应当向对方承担违约责任。当事人一方和第三人之间的纠纷，依照法律规定或者按照约定解决。

本案中，某商贸公司未按合同规定数量供应电脑，属于合同违约，应当依合同向某中学承担违约责任。对于个体运输户袁某对某商贸公司造成损害的侵权行为，某商贸公司应当依据事实和法律向人民法院另行起诉，向袁某要求其承担损害赔偿责任。合同违约和侵权行为，这是两种不同性质的法律关系，应当分别解决。

【法条链接】

《合同法》第一百二十一条　当事人一方因第三人的原因造成违约的，应当向对方承担违约责任。当事人一方和第三人之间的纠纷，依照法律规定或者按照约定解决。

借款贷款

借款合同没有约定还款时间怎么办

【案例】

殷某想要开一家小型饭店，于是向朋友杜某借钱。双方在合同中约定了借款利息以及其他事项，但是并没有约定还款期限。杜某只是对殷某说不能拖欠还款。合同签订以后，殷某有些担心，不知哪一天杜某会让自己还款。那么，殷某应该怎么办呢？

【法律解析】

根据《合同法》第六十一条的规定，合同生效后，当事人就某些内容没有约定或者约定不明确的，可以协议补充或按照合同有关条款或者交易习惯确定。根据本法第二百零六条的规定，对借款期限没有约定或者约定不明确，依照本法第六十一条的规定仍不能确定的，借款人可以随时返还；贷款人可以催告借款人在合理期限内返还。因此，殷某可以与杜某在合同中补充还款期限的条款，或者随时返还借款。杜某也可以随时要求殷某在合理的期限内还款。

【法条链接】

《合同法》第六十一条 合同生效后，当事人就质量、价款或者报酬、履行地点等内容没有约定或者约定不明确的，可以协议补充；不能达成补充协议的，按照合同有关条款或者交易习惯确定。

第二百零六条 借款人应当按照约定的期限返还借款。对借款期限没有约定或者约定不明确，依照本法第六十一条的规定仍不能确定的，借款人可以随时返还；贷款人可以催告借款人在合理期限内返还。

赌博产生的借贷关系受法律保护吗

【案例】

陈某与朋友打麻将的时候，输了2000元钱，遂决定不再打，但朋友说三缺一没法玩，于是他们商量每人再借给陈某1000元，并让陈某打了借条约定第二天还钱，但是陈某又输了。陈某借的钱又被他们都赢回去了，能不能不还？

【法律解析】

根据《最高人民法院关于人民法院审理借贷案件的若干意见》（以下简称《审理借贷案件意见》）第十一条的规定，出借人明知借款人是为了进行非法活动而借款的，其借贷关系不予保护。《民法通则》第五十八条也有规定，违反法律或者社会公共利益的民事行为无效，无效的民事行为，从行为开始起就没有法律约束力。因此，因赌博所产生的借贷关系是不受法律保护的，陈某可以不还钱。

【法条链接】

《审理借贷案件意见》第十一条　出借人明知借款人是为了进行非法活动而借款的，其借贷关系不予保护……

《民法通则》第五十八条　下列民事行为无效：

……

(五)违反法律或者社会公共利益的；

……

无效的民事行为，从行为开始起就没有法律约束力。

《刑法》第三百零三条第一款　以营利为目的，聚众赌博或者以赌博为业的，处三年以下有期徒刑、拘役或者管制，并处罚金。

借款的利息可以预先从本金中扣除吗

【案例】

某食品加工厂为扩大生产，需购买一批新的生产设备，考虑到资金周转问题，食品加工厂决定向银行贷款。提供了相关的书面材料以后，食品加工厂很快就与银行签订了书面合同。合同约定：银行提供借款200万元，贷款期限为两年。合同签订以后，当食品加工厂在约定的取款时间去银行取款时，银行却按照扣除两年利息以后的余额发放给食品加工厂。食品加工厂向银行提出了

异议，银行则称，为了保证能够收回自己的利息，不得不提前扣除。那么，银行的做法合法吗？

【法律解析】

根据《合同法》第二百条的规定，借款的利息不得预先在本金中扣除。利息预先在本金中扣除的，应当按照实际借款数额返还借款并计算利息。据此规定，本案中，作为贷款人的银行应该按照合同约定，向食品加工厂支付其借款的总额，而不能预先扣除借款总额所产生的利息，否则就会使食品加工厂的借款本金无形中被减少，影响其预期的经济收益。

【法条链接】

《合同法》第二百条 借款的利息不得预先在本金中扣除。利息预先在本金中扣除的，应当按照实际借款数额返还借款并计算利息。

"利滚利"受法律保护吗

【案例】

于某做服装生意，近期资金周转不畅，于是向做布料生意的谈某借款20万元。双方约定：借款期限为2年，每年的8月20日支付当年的利息，否则当年利息并入本金。那么，双方的这种"利滚利"的约定受法律保护吗？

【法律解析】

通常所说的"利滚利"实际就是"复利"。根据《合同法》第二百一十一条的规定，自然人之间的借款合同对支付利息没有约定或者约定不明确的，视为不支付利息。自然人之间的借款合同约定支付利息的，借款的利率不得违反国家有关限制借款利率的规定。根据《民法通则意见》第一百二十五条的规定，公民之间的借贷，出借人将利息计入本金计算复利的，不予保护。因此，虽然于某与谈某就借款利息作了约定，但是其约定明显违反了法律规定，因此，这种"利滚利"的约定不受法律保护。

【法条链接】

《合同法》第二百一十一条 自然人之间的借款合同对支付利息没有约定

或者约定不明确的，视为不支付利息。

自然人之间的借款合同约定支付利息的，借款的利率不得违反国家有关限制借款利率的规定。

《民法通则意见》第一百二十五条　公民之间的借贷，出借人将利息计入本金计算复利的，不予保护；在借款时将利息扣除的，应当按实际出借款数计息。

欠款不还又无借据，偷偷录音是否合法

【案例】

小洪向好友小薛借款2万元，说年底归还。出于信任，小薛没有要求签订书面的借款合同。到了年底，小薛向小洪提出还钱的事，小洪百般推托，告诉小薛自己没钱，不打算还了。小薛有理难辩，后来，小薛将小洪请到自己家，偷偷将自己与小洪的谈话进行了录音。谈话中小洪明确承认了自己借钱一事，还说当初没有任何书面证据，即使小薛告到法院也不可能胜诉。谈话后的第二天小薛就诉至法院，将该谈话的录音作为证据请求法院判决小洪还款。但小洪对借钱一事矢口否认，并且认为小薛对两人的谈话进行偷录，是非法的。那么，小薛偷偷录音是否合法呢？

【法律解析】

根据《民事诉讼法》第六十四条第一款的规定，当事人对自己提出的主张，有责任提供证据。小薛如果想要诉至法院，需要提供小洪借钱的证据。本案中的谈话录音是否为非法证据，根据《最高人民法院关于民事诉讼证据的若干规定》（以下简称《关于民事诉讼证据的若干规定》）第六十八条的规定，以侵害他人合法权益或者违反法律禁止性规定的方法取得的证据，不能作为认定案件事实的依据。本案中，虽然小薛未经小洪的同意对二人的谈话进行录音，但录音是小薛在自己家中进行，只是针对小洪借钱一事而并非对小洪的隐私等进行录音，并没有侵害小洪的合法权益，因此，不属于应当被排除的非法证据，是合法的。

【法条链接】

《民事诉讼法》第六十四条第一款　当事人对自己提出的主张，有责任提供证据。

《关于民事诉讼证据的若干规定》第六十八条　以侵害他人合法权益或者

违反法律禁止性规定的方法取得的证据，不能作为认定案件事实的依据。

用假名签的借条有效吗

【案例】

小杨偶然认识一名自称姓黄的男士，黄某谎称遇到了困难，向小杨借款4000元。小杨起草了一张借条，让黄某签名并摁上手印，借款日期为2008年11月24日。黄某口头答应2个月之内还款。之后，经小杨多次催讨，黄某总是以各种理由推迟，到后来竟然关掉手机，再没有了消息。后来小杨经朋友调查得知，黄某在借条上所签的名字是假名。那么，这张借条有效吗？如果有效，小杨到哪个法院起诉呢？

【法律解析】

根据《合同法》相关规定，一方以欺诈、胁迫的手段或者乘人之危，使对方在违背真实意思的情况下订立的合同，受损害方有权请求人民法院或者仲裁机构变更或者撤销。本案中，黄某用假名向小杨借钱的行为属于欺诈，该借条属于可撤销可变更的合同。小杨可以到黄某的住所地法院起诉，住所地与经常居住地不一致的，到他的经常居住地法院起诉。

【法条链接】

《合同法》第五十四条第二款 一方以欺诈、胁迫的手段或者乘人之危，使对方在违背真实意思的情况下订立的合同，受损害方有权请求人民法院或者仲裁机构变更或者撤销。

《民法通则》第十五条 公民以他的户籍所在地的居住地为住所，经常居住地与住所不一致的，经常居住地视为住所。

借条被撕毁，其复印件能否作为证据呢

【案例】

老肖向老史借款8000元，并且出具借条一张：今向老史借款捌仟圆整（8000元），2009年8月底归还。2009年11月，由于老肖到期没有偿还借款，老史于是持借条到老肖家讨要，双方谈话中发生了冲突，老肖抢过老史手中的

借条将之撕毁，老史于是报警。后来，老史向人民法院提起诉讼，称老肖拒不清偿到期借款，并在自己索要时强行将借条撕毁，自己曾打电话报警，某派出所民警曾到场处理，现请求人民法院依法判决老肖履行债务。老史还向法庭提交了借条的复印件以及和自己一同前去讨要借款的弟弟的证人证言。经过人民法院调查核实，老史反映的情况属实。那么，老史在没有提供借条原件的情况下，借条的复印件能否作为证据，要求老肖还钱呢？

【法律解析】

根据《关于民事诉讼证据的若干规定》第六十九条的规定，无法与原件核对的复印件不能单独作为认定案件事实的依据。根据证据补强规则，复印件作为定案依据须具备以下三个条件：（1）复印件证据应有其他辅助证据加以印证，而且证据之间应能够形成证据锁链，从而证明案件的事实。（2）有客观上不能提供原件的原因（包括有证据证明复印件原件已经灭失，原件在其他人手中等原因）。（3）书证复印件提供人应证明不能提供原件是确有客观原因。

本案中，老史称借据原件被老肖撕毁，其提供的借据复印件无法与原件核对，于是老史提供了与其同去讨债的弟弟的证言，而且还提供了很关键的证据线索：当日老肖拒不还钱，双方言语不合，老肖撕毁借条，自己曾打电话报警，派出所的民警曾经到场处理情况。经过人民法院核实公安民警的出警记录，老史的陈述属实。这就证明了老史不能提供证据原件确实有正当理由，而且与上述证据之间相互印证，证明了老肖向老史借款的事实，老史请求老肖还钱的主张会得到法院的支持。

【法条链接】

《关于民事诉讼证据的若干规定》第六十九条 下列证据不能单独作为认定案件事实的依据：

……

（四）无法与原件、原物核对的复印件、复制品；

（五）无正当理由未出庭作证的证人证言。

《最高人民法院关于适用〈中华人民共和国民事诉讼法〉的解释》（以下简称《民诉解释》）第一百一十一条 民事诉讼法第七十条规定的提交书证原件确有困难，包括下列情形：

（一）书证原件遗失、灭失或者毁损的；

（二）原件在对方当事人控制之下，经合法通知提交而拒不提交的；

（三）原件在他人控制之下，而其有权不提交的；

（四）原件因篇幅或者体积过大而不便提交的；

（五）承担举证证明责任的当事人通过申请人民法院调查收集或者其他方式无法获得书证原件的。

前款规定情形，人民法院应当结合其他证据和案件具体情况，审查判断书证复制品等能否作为认定案件事实的根据。

借条没有注明年份怎么办

【案例】

2010年7月，安某以借条为据，起诉魏某还款10万元。诉状称：2006年6月3日，魏某因缺钱向我借款10万元，并出具借条一张，但借条上日期只写了"6月3日"，没有写明年份。2007年催收时，魏某在借条的右上角写明"12月底归还"。但是魏某到期后仍不还款，请求判令魏某归还借款本金10万元及支付逾期利息。魏某辩称，借款是在2006年6月3日，"12月底归还"也是书写于2006年，现在安某的起诉已经超过了3年的诉讼时效，因此请求判决驳回其诉讼请求。原告则坚持"12月底归还"系2007年向魏某催收的时候书写的。当事人双方均没有申请对借条的书写时间进行鉴定。那么，这种情况下应该怎么办？

【法律解析】

根据《合同法》第六十一条的规定，合同生效后，当事人就质量、价款或者报酬、履行地点等内容没有约定或者约定不明的，可以协议补充；不能达成补充协议的，按照合同有关条款或者交易习惯确定。本案中，安某举出的本证就是借条，因借条上的"12月底归还"没有注明年份而引发争议，属于还款时间不明，此时履行期限应"按照合同有关条款或者交易习惯确定"。由于本案的合同就是借条，从"12月底归还"上无法推测出催收的时间，因此，只能按照"交易习惯"来确定。本案的"交易习惯"就是书写习惯。按照书写习惯，当两个时间写在一起而且只写月、日而没有写年时，这两个时间一般是发生在同一年；如果不是同一年，则应当明确加以区分，这是生活常识。魏某在出具借条的时候没有写"年"，安某在催收的时候魏某也没有写"年"，按照习惯，还款与借款的时间一般是同一年。否则，出借人安某自然会要求借款人魏某写明"2007"，正是因为发生在同一年，才会省略书写年份，这种写法符合书写习惯。因此，根据安某和魏某均承认借款时间是2006年，因此还款时间也应推定是2006年，原告安某的起诉时间为2010年7月，已经超过了诉讼时效。

【法条链接】

《合同法》第六十一条　合同生效后，当事人就质量、价款或者报酬、履行地点等内容没有约定或者约定不明确的，可以协议补充；不能达成补充协议的，按照合同有关条款或者交易习惯确定。

《关于民事诉讼证据的若干规定》第二条　当事人对自己提出的诉讼请求所依据的事实或者反驳对方诉讼请求所依据的事实有责任提供证据加以证明。

没有证据或者证据不足以证明当事人的事实主张的，由负有举证责任的当事人承担不利后果。

个人之间借款，利息可以随便约定吗

【案例】

刘某由于母亲病重无钱医治，于是向高某借款10万元。高某要求刘某向其支付10%的利息。那么，高某的要求合法吗？

【法律解析】

根据《合同法》和《审理借贷案件意见》的相关规定，自然人之间的借款合同约定支付利息的，借款的利率不得违反国家有关限制借款利率的规定；民间借贷的利率可以适当高于银行利率，但是最高不得超过银行同类贷款利率的四倍。本案中，高某在刘某急需用钱时要求其支付10%的利息，其行为显然是乘人之危，不符合法律规定。

【法条链接】

《合同法》第二百一十一条　自然人之间的借款合同对支付利息没有约定或者约定不明确的，视为不支付利息。

自然人之间的借款合同约定支付利息的，借款的利率不得违反国家有关限制借款利率的规定。

《审理借贷案件意见》第六条　民间借贷的利率可以适当高于银行的利率，各地人民法院可根据本地区的实际情况具体掌握，但最高不得超过银行同类贷款利率的四倍（包含利率本数）。超出此限度的，超出部分的利息不予保护。

物权篇

私有财产不容侵犯

物权的设立与变更

一物卖给两人，谁能取得所有权

【案例】

2009年8月12日，熊某将自己的一个艺术花瓶出售给康某，双方约定到8月15日办完展览后再将花瓶交给康某。8月16日，熊某又将花瓶以更高的价格卖给了王某，而王某不知熊某先前已将花瓶卖给康某。那么，康某与王某谁拥有这个花瓶的所有权？

【法律解析】

王某取得该花瓶的所有权。本案中，熊某将花瓶卖给康某，约定由熊某占有该花瓶至展览结束，属于占有改定。这种情况下，该花瓶的所有权从双方约定生效时起发生改变，此时康某是该花瓶的所有权人，熊某无权再将该花瓶卖给其他人。而受让人王某不知该花瓶已不属于熊某所有，属于《中华人民共和国物权法》（以下简称《物权法》），规定的善意取得。按照有关法律规定，王某最终享有该花瓶的所有权，至于康某的损失，则可以要求熊某赔偿。

【法条链接】

《物权法》第一百零六条 无处分权人将不动产或者动产转让给受让人的，所有权人有权追回；除法律另有规定外，符合下列情形的，受让人取得该不动产或者动产的所有权：

（一）受让人受让该不动产或者动产时是善意的；

（二）以合理的价格转让；

（三）转让的不动产或者动产依照法律规定应当登记的已经登记，不需要登记的已经交付给受让人。

受让人依照前款规定取得不动产或者动产的所有权的，原所有权人有权向无处分权人请求赔偿损失。

当事人善意取得其他物权的，参照前两款规定。

车辆买卖未过户发生交通事故，登记车主是否承担赔偿责任

【案例】

大军驾驶轿车造成重大交通事故，经有关部门认定，大军负事故的全部责任。后经查，该车是蔡某购买后转让给大军的，但未办理过户手续。事故受害人要求大军和蔡某赔偿经济损失，蔡某认为自己不应承担责任，遂拒绝。请问，车辆买卖未过户发生交通事故，登记车主是否承担赔偿责任呢？

【法律解析】

不需要。车辆买卖为动产的买卖，依有关法律的规定，其财产所有权从交付起转移。本案中，蔡某将自己的车转让给大军，该车所有权已发生转移，大军成为实际支配车辆运行和取得运行利益的受益者。发生交通事故，理应由大军承担赔偿责任，而原登记车主蔡某不应承担赔偿责任。

【法条链接】

《物权法》第二十三条　动产物权的设立和转让，自交付时发生效力，但法律另有规定的除外。

房屋权益

交付房产证能否作为房屋所有权转移的依据

【案例】

某公司为了解决员工的住宿问题，向某房地产公司订购了一栋房屋。房地产公司仅仅交付了房产证，并未办理过户登记手续。那么，该公司取得了房屋所有权吗？

【法律解析】

本案例涉及房屋等不动产的交易行为，只有在办理了房屋产权过户登记手续后，房屋的所有权才会由卖方转移给买方。本案中，仅有双方交付房产证的行为而并未办理房屋的过户登记手续，按照《物权法》的规定，房屋的所有权仍然没有发生转移，该公司不能取得房屋的所有权。

【法条链接】

《物权法》第十四条 不动产物权的设立、变更、转让和消灭，依照法律规定应当登记的，自记载于不动产登记簿时发生效力。

一房两卖如何确定所有权，按照合同还是房产证

【案例】

胡先生与某房地产开发公司签订了购买合同，合同规定，胡先生首付40%的购房款，余款三个月内付清。合同签订后胡先生及时交纳了首付款。谁知，段先生也看中了这套房子，而他并不知道房地产开发公司与胡先生的购房情况，便以更高的价钱与房地产开发公司办理了购房合同，并很快办好了房产证。那么，谁对这套房屋具有所有权？

【法律解析】

段先生对这套房屋具有所有权。《物权法》规定：不动产的买卖、变更、转让等合同，自合同成立时生效，未办理物权登记不影响合同的效力。因此，胡先生的购房合同有效。但是《物权法》同时规定，不动产物权的设立、变更、转让和消灭只有经过依法登记才发生法律效力，未经登记不发生效力。因段先生办理了房产证，已取得了该房屋的所有权，所以，胡先生只能根据商品房买卖合同的相关规定要求房地产开发公司赔偿自己的损失，而不能根据买卖合同取得房屋的所有权。

【法条链接】

《物权法》第九条第一款 不动产物权的设立、变更、转让和消灭，经依法登记，发生效力；未经登记，不发生效力，但法律另有规定的除外。

第十五条 当事人之间订立有关设立、变更、转让和消灭不动产物权的合同，除法律另有规定或者合同另有约定外，自合同成立时生效；未办理物权登记的，不影响合同效力。

买房没有办理过户登记怎么办

【案例】

　　林某1988年在某县城从亲戚手中购买了一套房子，当时房价是1万元，现在已飙升至30万元。买房时房产证并未改名，现在林某想改成他自己的名字。请问，他该怎么办？

【法律解析】

　　根据有关法律规定，当事人之间订立有关设立、变更、转让和消灭不动产物权的合同，除法律另有规定或者合同另有约定外，自合同成立时生效；未办理物权登记的，不影响合同效力。因此，林某的房屋买卖合同已经成立并生效，他可以要求对方按合同要求，协助他办理过户登记。

【法条链接】

　　《物权法》第十五条　当事人之间订立有关设立、变更、转让和消灭不动产物权的合同，除法律另有规定或者合同另有约定外，自合同成立时生效；未办理物权登记的，不影响合同效力。

所有权

不知是赃车而购买是否适用善意取得

【案例】

孙某以低价转让给小赵一辆轿车，后来小赵开车上班时，被警察扣留。经查，小赵的这辆车是孙某偷来的，但小赵并不知情。请问，小赵能否适用善意取得？

【法律解析】

虽然小赵并不知道其购买的是赃车，但他是以明显低于市场价格购买的，因此不适用善意取得。对于赃车，公安机关有权进行追缴和扣押。

【法条链接】

《物权法》第一百零六条 无处分权人将不动产或者动产转让给受让人的，所有权人有权追回；除法律另有规定外，符合下列情形的，受让人取得该不动产或者动产的所有权：

（一）受让人受让该不动产或者动产时是善意的；

（二）以合理的价格转让；

（三）转让的不动产或者动产依照法律规定应当登记的已经登记，不需要登记的已经交付给受让人。

受让人依照前款规定取得不动产或者动产的所有权的，原所有权人有权向无处分权人请求赔偿损失。

当事人善意取得其他物权的，参照前两款规定。

产权证上登记谁的名字，谁就是业主吗

【案例】

2007年龙某以儿子的名义办理贷款，购买了一套房屋，产权证上是儿子的名字。入住后，该小区选举业主委员会时，其他业主说龙某不是产权人不能参加业主大会。请问，产权证上登记谁的名字谁就是业主吗？龙某能参加业主大会表决意见吗？

【法律解析】

根据有关法规，产权证上登记的产权人是谁，谁就是业主。但是，龙某可以作为他儿子的委托代理人参与业主大会表决并发表意见，但应当出具授权

委托书。

【法条链接】

《物业管理条例》第六条第一款　房屋的所有权人为业主。

第十二条第二款　业主可以委托代理人参加业主大会会议。

刊登悬赏广告，说到就应该做到吗

【案例】

王先生在出差途中，不小心将公文包丢失。因包内有单位重要文件，于是王先生在报纸上刊登广告，声明"送还者酬谢五千元"。两天后，拾得此包的小刘与王先生取得联系，小刘将包交还给王先生，但王先生拒绝给付小刘五千元酬金，两人为此发生争执。请问，小刘有权获得酬金吗？

【法律解析】

小刘有权获得酬金。王先生在报纸上刊登的悬赏广告，是具有法律效力的。失主的悬赏广告可以视为一种要约行为，只不过要约的对象是全社会而不是某一个特定的人。对于这种要约行为，任何人都可以承诺，只要遗失物找到，并且如数返还失主，这种承诺就具备法律效力，双方也因此建立起了一种合同关系，合同双方的权利与义务受法律保护，合同当事人应当按照合同的约定，履行自己的义务。本案中，小刘如数返还遗失物，王先生就应该按照自己的承诺给付酬金。

【法条链接】

《物权法》第一百一十二条　权利人领取遗失物时，应当向拾得人或者有关部门支付保管遗失物等支出的必要费用。

权利人悬赏寻找遗失物的，领取遗失物时应当按照承诺履行义务。

拾得人侵占遗失物的，无权请求保管遗失物等支出的费用，也无权请求权利人按照承诺履行义务。

珍稀动物适用"先占先得"吗

【案例】

沈某在进山狩猎时，发现一只东北虎崽儿。他听说法律上有"先占先得"一说，于是把虎崽儿抓回家准备出售。请问，沈某可以依据"先占先得"而取得虎崽儿的所有权吗？

【法律解析】

沈某无法取得虎崽儿的所有权。所谓先占先得，通俗地讲就是对于无主动产，谁先占有，谁可以取得该物的所有权。东北虎属珍稀动物，归国家所有，并非无主物，任何人不能通过先占取得它的所有权。

【法条链接】

《物权法》第四十一条 法律规定专属于国家所有的不动产和动产，任何单位和个人不能取得所有权。

能要回被保管人卖掉的物品吗

【案例】

谢某因出国学习，将自己的一架钢琴委托朋友高某保管。没想到高某却将钢琴卖给范某，谢某回国才知高某已将自己的钢琴卖出。于是谢某找到范某，要求其返还，但范某认为自己是从高某处购得钢琴，不同意返还。谢某能否要求范某将钢琴返还给自己？

【法律解析】

本案中，谢某将自己的钢琴交给高某保管，高某却将钢琴卖给了范某，是典型的无权处分行为。而对于范某而言，在判断高某是否是此钢琴的所有人时，是通过高某对此钢琴的占有来判断的，他不知道此钢琴的真正所有人并不是高某，因此范某是善意的。在谢某回国后发现钢琴被卖时，范某实际上已经取得了对钢琴的占有，因此范某已经取得对钢琴的所有权，谢某不能要求其返还，但谢某遭受的损失可以向高某要求赔偿。

【法条链接】

《物权法》第一百零六条 无处分权人将不动产或者动产转让给受让人的，所有权人有权追回；除法律另有规定外，符合下列情形的，受让人取得该不动产或者动产的所有权：

（一）受让人受让该不动产或者动产时是善意的；

（二）以合理的价格转让；

（三）转让的不动产或者动产依照法律规定应当登记的已经登记，不需要登记的已经交付给受让人。

受让人依照前款规定取得不动产或者动产的所有权的，原所有权人有权向无处分权人请求赔偿损失。

当事人善意取得其他物权的，参照前两款规定。

被征用的物品损毁的，如何赔偿

【案例】

一天，刘某正开车行驶在街上，忽然被几名警察拦住，警察向其出示证件后，称要追劫匪，需要紧急征用刘某的车辆。刘某于是下车，将车交由警察驾驶追劫匪的车辆。为迫使劫匪停车，警察将刘某的车撞向劫匪的车，导致刘某的车身严重损坏。请问，刘某能要求赔偿吗？

【法律解析】

刘某有权要求公安局赔偿他的损失。警察在执行紧急公务时，有权对公民的财产进行临时征用，公民也有配合的义务。但被征用的财产使用后应当返还，财产损毁的，应当给予补偿。

【法条链接】

《物权法》第四十四条　因抢险、救灾等紧急需要，依照法律规定的权限和程序可以征用单位、个人的不动产或者动产。被征用的不动产或者动产使用后，应当返还被征用人。单位、个人的不动产或者动产被征用或者征用后毁损、灭失的，应当给予补偿。

业主权益

业主不同意业主大会的决议，可以不执行吗

【案例】

A小区的业主大会通过决议，每户每月需缴纳300元物业费。业主史某因出差

在外，没有参加业主大会。到了缴费日期，史某声称自己没有参加业主大会，所以业主大会的决议对自己不生效，拒不按业主大会的决议缴纳物业费。另有小区居民仲某声称自己虽然参加了业主大会，但在会上对业主大会的决议表示了明确的反对，因此不受该决议约束，也不缴纳物业费。史某与仲某的说法有道理吗？

【法律解析】

史某与仲某的说法是错误的。《物权法》规定，业主大会或者业主委员会的决议，对所有业主具有法律约束力。也就是说，无论业主是否参加业主大会，也无论其是否同意业主大会的决定，只要该决定经业主大会或者业主委员会通过，就对业主发生法律约束力。如果业主认为该决议侵犯了自己的权利，可以请求人民法院予以撤销，但在经法院判决确认该决议对其无效前，还是要执行该决议。

【法条链接】

《物权法》第七十八条　业主大会或者业主委员会的决定，对业主具有约束力。

业主大会或者业主委员会作出的决定侵害业主合法权益的，受侵害的业主可以请求人民法院予以撤销。

业主可以更换物业公司吗

【案例】

某小区的物业公司的工作人员没有经过正规培训，管理杂乱无章。后来，小区业主大会一致决定，辞退该物业公司。但物业公司的人坚持不肯走，声称自己是开发商聘请的，只有开发商才可以辞退他们，业主无权干涉。物业公司的说法会得到法律的支持吗？

【法律解析】

物业公司的说法没有法律依据，业主大会可以依法辞退这家物业公司。在物业管理上，《物权法》赋予了业主自行管理与委托物业公司管理的选择权，同时规定，对建设单位聘请的物业公司，业主有权更换。本案中，物业公司不具备相应的资质，无法履行物业管理的职责，业主有权予以更换，不必经过开发商的同意。

【法条链接】

《物权法》第八十一条　业主可以自行管理建筑物及其附属设施，也可以委托物业服务企业或者其他管理人管理。

对建设单位聘请的物业服务企业或者其他管理人，业主有权依法更换。

小区绿地改建停车场，由谁来决定

【案例】

由于花苑小区里轿车越来越多，小区内停车位非常紧张。可是小区内除了一块绿地之外，已经没有可以建停车位的场所。那么，小区的业主可以自行决定把绿地改建成停车场吗？

【法律解析】

小区的业主有权决定把绿地改建为停车场，但要由业主共同决定。具体而言，需要经过专有部分占建筑物总面积三分之二以上的业主且占总人数三分之二以上的业主同意。

【法条链接】

《物权法》第七十六条　下列事项由业主共同决定：

（一）制定和修改业主大会议事规则；

（二）制定和修改建筑物及其附属设施的管理规约；

（三）选举业主委员会或者更换业主委员会成员；

（四）选聘和解聘物业服务企业或者其他管理人；

（五）筹集和使用建筑物及其附属设施的维修资金；

（六）改建、重建建筑物及其附属设施；

（七）有关共有和共同管理权利的其他重大事项。

决定前款第五项和第六项规定的事项，应当经专有部分占建筑物总面积三分之二以上的业主且占总人数三分之二以上的业主同意。决定前款其他事项，应当经专有部分占建筑物总面积过半数的业主且占总人数过半数的业主同意。

专有部分占建筑物总面积
三分之二以上的业主

占总人数三分之二以上的业主

未租赁小区车位能否免费停车

【案例】

2007年3月，康某购买了一处住房，没有购买车库。2007年年底，康某入住新房后，购买了一辆汽车。康某所在小区的物业管理公司规定，凡是没有购买车库的业主都需租赁地面车位，按月缴纳一定的租赁费用。可是，小区出租的车位都是占用业主共有的道路。康某想知道，他能否在小区里免费停车？

【法律解析】

康某不能免费停车。占用业主共有的道路或者其他场地用于停放汽车的车位，虽然属于业主共有，但这并不表明业主就可以免费在共有的道路上停车。就占用业主共有的道路停放车位的收费和费用管理问题，可以通过召开业主大会进行商定。

【法条链接】

《物权法》第七十四条第三款　占用业主共有的道路或者其他场地用于停放汽车的车位，属于业主共有。

自家住房变餐馆，需经相关业主同意吗

【案例】

2007年，秦某下岗在家，于是决定利用自家的住房开家餐馆，既便利小区居民，又能为自己谋生。房屋经过简单的装修后，饭馆开张了。可是没过多

久，楼上的住户许某就向物业公司反映，秦某家的油烟太大了，致使她家无法开窗。物业公司找到秦某要求其采取措施，否则餐馆就得停业，秦某不以为然，声称是在自家开餐馆，与他人无涉，照常营业。许某应该怎么办？

【法律解析】

秦某的做法侵犯了许某的利益，应当及时采取措施。秦某应该采取必要的措施以免油烟熏到邻居。如果秦某不采取任何措施继续营业，按照《物权法》的相关规定，许某有权请求管理单位责令秦某停业，也可向法院提起诉讼要求秦某停止侵害。

【法条链接】

《物权法》第七十七条 业主不得违反法律、法规以及管理规约，将住宅改变为经营性用房。业主将住宅改变为经营性用房的，除遵守法律、法规以及管理规约外，应当经有利害关系的业主同意。

第八十三条 业主应当遵守法律、法规以及管理规约。

业主大会和业主委员会，对任意弃置垃圾、排放污染物或者噪声、违反规定饲养动物、违章搭建、侵占通道、拒付物业费等损害他人合法权益的行为，有权依照法律、法规以及管理规约，要求行为人停止侵害、消除危险、排除妨害、赔偿损失。业主对侵害自己合法权益的行为，可以依法向人民法院提起诉讼。

开发商有权将小区停车位卖掉吗

【案例】

某高档住宅小区建有地下停车库。房地产开发商在销售住宅时向购买人承诺，此车库专供业主停车，每户一个车位。入住后，业主们发现，只有购买车位才能停车，而且开发商以高价将大部分车位卖掉，还有一些车位被物业公司租给本小区以外的人使用。该小区业主们认为，地下车库应属业主共有，但开发商及物业公司不予理睬。请问，业主的说法成立吗？

【法律解析】

业主的说法是成立的。《物权法》规定，建筑区划内，规划用于停放汽车的车位、车库，应当首先满足业主的需要。车位、车库的权利归属，由当事人通过出售、附赠或者出租等方式进行约定。本案中，开发商与业主在出售房屋时已经约定了车库专供业主使用，因此，车库应归全体业主共有。开发商应将地下车库移交给业主大会或业主委员会管理，以实现业主的权益。

【法条链接】

《物权法》第七十四条 建筑区划内，规划用于停放汽车的车位、车库应当首先满足业主的需要。

建筑区划内，规划用于停放汽车的车位、车库的归属，由当事人通过出售、附赠或者出租等方式约定。

占用业主共有的道路或者其他场地用于停放汽车的车位，属于业主共有。

拆迁房被改作商用，遭遇违法拆迁怎么办

【案例】

2006年，崔先生一家因旧城改造而搬到郊区居住。一次他回城路过他家原住宅时，发现自己的住宅并非拆迁，而是经过装修成了一家酒楼。崔先生原来的住宅现在的市场价在百万元以上，当时给他的拆迁补偿只有20余万元。现在搬到了郊区，出行、购物都极不方便，工作也不好找，家境日益困难。这种情况下，崔先生应当如何维护自己的权益呢？

【法律解析】

《物权法》规定，征收他人的动产与不动产，必须是为了公共利益的需要，并且要依法给予补偿，保障被征收人的合法权益。如果征收个人住宅，还要保障其居住条件。本案中，崔先生的住宅被征收的原因是"旧城改造"，这属于为了公共利益的需要。但实际上，崔先生的房屋被以拆迁为名改为商用，并非为了公共利益，而是借公共利益之名谋取经济利益，这种行为侵犯了崔先生的居住权，属于违法拆迁。崔先生可以要求返还住房，也可以要求按现在的市场价补偿其差价。

【法条链接】

《物权法》第四十二条第三款 征收单位、个人的房屋及其他不动产，应当依法给予拆迁补偿，维护被征收人的合法权益；征收个人住宅的，还应当保障被征收人的居住条件。

噪声扰民，业主如何维权

【案例】

木匠小李租用了小赵家楼下的一间门面房，在小区院子里盖了一间民房当工棚。从此，每天不到7点钟就会听到锤子敲打木头、切割机分离木块的声音，有时直到晚上11点还不收工。因为小李的出现，致使小赵无法正常休息。请问，小赵能否起诉木匠小李？

【法律解析】

木匠小李制造噪声影响他人休息，而且在属于业主共有的建筑区划内私自建民房，侵害了业主的合法权益，小赵可以依法向人民法院提起诉讼。

【法条链接】

《物权法》第八十三条　业主应当遵守法律、法规以及管理规约。

业主大会和业主委员会，对任意弃置垃圾、排放污染物或者噪声、违反规定饲养动物、违章搭建、侵占通道、拒付物业费等损害他人合法权益的行为，有权依照法律、法规以及管理规约，要求行为人停止侵害、消除危险、排除妨害、赔偿损失。业主对侵害自己合法权益的行为，可以依法向人民法院提起诉讼。

共有

未经其他共有人同意，可以擅自出售共有的房屋吗

【案例】

汪某与儿女共有一处房产。2007年夏，汪某去探望在国外定居的儿子，把该房屋交给女儿管理使用。女儿未征得父亲汪某及哥哥的同意，将房屋卖给李某，并将购房款80万元据为己有。汪某回国后得知女儿擅自出售房屋，便与李某交涉要求收回房屋。李某以已经签订房屋买卖协议为由不肯交回房屋。汪某无奈提起诉讼。汪某的诉讼请求能得到法院的支持吗？

【法律解析】

本案分不同情形处理。如果李某不知此房为汪家父女共有，则买卖协议有效；如果李某明知此房并非汪某之女所有，还与其签订购房协议，则应认定为无效。依《物权法》规定，处分共有的不动产或者动产，应当经占份额三分之二以上的按份共有人或者全体共同共有人同意。本案中，汪某的女儿未经其他共有人同意，擅自将房屋出售的行为无效。据此，汪某有权要求收回房屋。

【法条链接】

《物权法》第九十七条　处分共有的不动产或者动产以及对共有的不动产或者动产作重大修缮的，应当经占份额三分之二以上的按份共有人或者全体共同共有人同意，但共有人之间另有约定的除外。

《民法通则意见》第八十九条　共同共有人对共有财产享有共同的权利，承担共同的义务。在共同共有关系存续期间，部分共有人擅自处分共有财产的，一般认定无效。但第三人善意、有偿取得该项财产的，应当维护第三人的

合法权益；对其他共有人的损失，由擅自处分共有财产的人赔偿。

母子俩共有的汽车撞伤他人，谁来支付医疗费

【案例】

小刘母子共有一辆汽车，母亲考虑到小刘没有固定的工作，于是同意该汽车归小刘用来开出租谋生计。但是小刘开出租却不尽心，经常酗酒、赌博，因此引起小刘母亲的不满。5月，小刘酒后驾车，将行人孙女士撞伤，孙女士住院共花去医药费2万余元。事后，孙女士要求小刘母子承担全部的医药费，但是小刘母亲认为该事故是儿子小刘一人造成的，自己不应该承担任何责任。那么，孙女士的医疗费该由谁来承担呢？

【法律解析】

本案中，小刘酒后将孙女士撞伤，侵犯了孙女士的身体健康权，虽然事故是由小刘一人造成的，但由于该汽车是由小刘母子共有，而且责任并不可分，因此由二人承担连带赔偿责任。具体来说，孙女士可要求小刘母子中的任何一方承担赔偿责任，而承担责任的一方可在履行义务后向另一方进行追偿。

【法条链接】

《物权法》第九十三条 不动产或者动产可以由两个以上单位、个人共有。共有包括按份共有和共同共有。

第九十五条 共同共有人对共有的不动产或者动产共同享有所有权。

共有人对共有财产有优先购买权吗

【案例】

史大与史二是兄弟，二人从父亲处继承房屋两间，兄弟各分得一间。后来史大因急需用钱，要把自己的一间卖给龙某，谈妥价钱后签订了协议。这时史二对其兄史大说，房子不能卖给他人，自己在同等条件下有优先购买权，这个房子是多少钱卖给龙某的，自己出钱买。而龙某要求史大履行协议，交付房屋。那么，史二可以优先购买这间房子吗？

【法律解析】

在同等条件下，史二可以优先购买房屋。《物权法》规定，按份共有人转让其享有的共有的不动产或者动产份额时，其他共有人在同等条件下享有优

先购买权。本案中对于史家的房屋，二人属于按份共有。史大欲出售其共有份额，史二在同等条件下可以优先购买。

【法条链接】

《物权法》第一百零一条　按份共有人可以转让其享有的共有的不动产或者动产份额。其他共有人在同等条件下享有优先购买的权利。

《民法通则意见》第九十二条　共同共有财产分割后，一个或者数个原共有人出卖自己分得的财产时，如果出卖的财产与其他原共有人分得的财产属于一个整体或者配套使用，其他原共有人主张优先购买权的，应当予以支持。

房屋共有人应怎样承担连带债务

【案例】

张某曾与一个亲戚合伙建了一栋旧式的木结构住房，由于年久失修，木料腐朽，存在倒塌的危险。张某经济比较困难，所以多次要求亲戚出钱整修。但该亲戚在城里买了房子，总是以各种借口拖延不肯修。请问：万一房子倒塌伤了人该由谁来负责？

【法律解析】

该房屋是张某与亲戚合伙建造，由他们两人共有。因此，该房屋若倒塌伤人，他们俩应承担连带民事赔偿责任。如果该房屋属于按份共有，张某所承担的赔偿数额超过他所应当承担的份额，则可向亲戚追偿。

【法条链接】

《物权法》第一百零二条　因共有的不动产或者动产产生的债权债务，在对外关系上，共有人享有连带债权、承担连带债务，但法律另有规定或者第三人知道共有人不具有连带债权债务关系的除外；在共有人内部关系上，除共有人另有约定外，按份共有人按照份额享有债权、承担债务，共同共有人共同享有债权、承担债务。偿还债务超过自己应当承担份额的按份共有人，有权向其他共有人追偿。

劳动保障篇

维护你的职场权益

应聘中的权益

用人单位在招聘时应当告知哪些内容

【案例】

2008年11月，李某参加了一次招聘会，之后有一家公司通知李某面试。在面试过程中，该公司详细介绍了自己的发展历程，以及公司的企业文化。当李某问到工作地点及劳动报酬时，公司负责人称："不确定，只要成为公司的员工就要服从分配，报酬问题根据工作业绩及个人表现来定。"听完之后李某很迷惑。请问：用人单位在招聘时应当告知哪些内容？

【法律解析】

用人单位故意隐瞒与订立合同有关的重要事实，致使劳动者在应聘时不能全面了解信息，这样在履行劳动合同时就会出现纠纷，给用人单位和劳动者造成不必要的麻烦。因此，用人单位在招聘时的如实告知义务包括两部分：一是法定告知内容；二是劳动者要求了解的与工作相关的内容。

【法条链接】

《中华人民共和国劳动合同法》（以下简称《劳动合同法》）第八条 用人单位招用劳动者时，应当如实告知劳动者工作内容、工作条件、工作地点、职业危害、安全生产状况、劳动报酬，以及劳动者要求了解的其他情况……

公司录用新员工时能否收取风险抵押金

【案例】

阿俊高中毕业后和朋友去某公司应聘，公司却提出要收取1000元风险抵押金。公司招聘人员同时还告诉阿俊，不愿意交风险抵押金就不录用。阿俊想知道，这种收取风险抵押金的行为合法吗？

【法律解析】

企业在招录员工与之签劳动合同的时候不能收取风险抵押金等。本案中，阿俊应聘的公司要求阿俊交纳风险抵押金，否则就

？！！

先收1000元风险抵押金

公司招聘

不录用，这实际上是对劳动者一种变相的要挟、强迫。不仅违背了订立劳动合同应当遵循的平等、自愿、协商一致的原则，而且也违反了不得收取任何形式财物的法律、法规规定。

【法条链接】

《劳动合同法》第九条 用人单位招用劳动者，不得扣押劳动者的居民身份证和其他证件，不得要求劳动者提供担保或者以其他名义向劳动者收取财物。

职前培训是否应认为是劳动关系的建立

【案例】

蔡某和朋友一起应聘到一家工厂工作。在上岗前，工厂要对新员工进行为期2个月的培训。工厂主管跟蔡某等人说，培训期间不算正式工作，每个月只发给他们400元生活费。培训期满后，工厂按照蔡某等人在培训期间的表现，决定是否聘用他们。蔡某想知道，工厂主管的说法有法律依据吗？

【法律解析】

工厂主管的说法没有法律依据，因为自蔡某等人参加培训的第一天起即与工厂建立了劳动关系。根据有关法律规定，用人单位未在用工的同时订立书面劳动合同，与劳动者约定的劳动报酬不明确的，新招用的劳动者的劳动报酬按照集体合同规定的标准执行；没有集体合同或者集体合同未规定的，实行同工同酬。

【法条链接】

《劳动法》第三条第一款 劳动者享有平等就业和选择职业的权利、取得劳动报酬的权利、休息休假的权利、获得劳动安全卫生保护的权利、接受职业技能培训的权利、享受社会保险和福利的权利、提请劳动争议处理的权利以及法律规定的其他劳动权利。

《劳动合同法》第七条 用人单位自用工之日起即与劳动者建立劳动关系。用人单位应当建立职工名册备查。

第十一条 用人单位未在用工的同时订立书面劳动合同，与劳动者约定的劳动报酬不明确的，新招用的劳动者的劳动报酬按照集体合同规定的标准执行；没有集体合同或者集体合同未规定的，实行同工同酬。

劳动合同的签订与效力

什么样的劳动合同是无效的

【案例】

　　某公司在与赵某就劳动合同细节问题商谈时，完全背离实际情况，并作出一些虚假的承诺，使赵某信以为真。赵某与该公司签订合同后，发现公司当初的承诺不可能兑现。该合同是有效的吗？

【法律解析】

　　该合同无效。依据《劳动合同法》的相关规定，以欺诈、胁迫的手段或者乘人之危，使对方在违背真实意思的情况下订立或者变更劳动合同的，劳动合同无效或部分无效。赵某是在被欺骗的情况下与公司签订劳动合同的，因此，该合同是无效的。

【法条链接】

　　《劳动合同法》第二十六条　下列劳动合同无效或者部分无效：

　　（一）以欺诈、胁迫的手段或者乘人之危，使对方在违背真实意思的情况下订立或者变更劳动合同的；

　　（二）用人单位免除自己的法定责任、排除劳动者权利的；

　　（三）违反法律、行政法规强制性规定的。

　　对劳动合同的无效或者部分无效有争议的，由劳动争议仲裁机构或者人民法院确认。

劳动合同中"发生伤亡事故概不负责"的条款有效吗

【案例】

　　窦某与某建筑公司签订了一份为期3年的合同，合同中约定"发生伤亡事故，本公司概不负责"。不久，窦某在一次施工中不慎从脚手架上摔落，造成腰椎粉碎性骨折，下肢瘫痪，生活不能自理。事故发生后，窦某一家无力承担巨额的医疗费用，遂要求公司支付医疗费用。建筑公司以早有约定为由，拒绝支付。请问，窦某与建筑公司签订的合同有效吗？

【法律解析】

　　窦某与建筑公司签订的合同中，"发生伤亡事故，本公司概不负责"的条款是无效的，其余部分，如果没有违反相关的法律规定，应视为有效。建筑行业是比较危险的行业，一些建筑公司为了减少支出，扩大收益，便会要求职工签订包含"发生伤亡事故，本公司概不负责"等类似条款的合同。这些条款加重了劳动者的负担，失之公平，因此不能成为免责事由，公司不能以此作为逃避责任的理由。窦某的家属可以主张权利，要求建筑公司支付医疗费用。

【法条链接】

《劳动合同法》第二十六条　下列劳动合同无效或者部分无效：

（一）以欺诈、胁迫的手段或者乘人之危，使对方在违背真实意思的情况下订立或者变更劳动合同的；

（二）用人单位免除自己的法定责任、排除劳动者权利的；

（三）违反法律、行政法规强制性规定的。

对劳动合同的无效或者部分无效有争议的，由劳动争议仲裁机构或者人民法院确认。

集体合同只适用于在职员工吗

【案例】

2008年5月，郭某与一家贸易公司签订了劳动合同，合同约定每月工资1200元。工作后郭某得知，公司与工会在2007年曾签订过一份集体合同，约定职工每月工资不低于1500元。之后郭某找公司要求提高工资，但是公司说该集体合同只适用于当时在职的员工。公司的说法正确吗？

【法律解析】

公司的说法不正确。集体合同是由工会或者职工代表与用人单位订立的书面协议，目的是维护企业全体劳动者的合法权益。因此，只要集体劳动合同是经过合法程序订立并报送劳动行政部门审核通过，在合同有效期内，对本单位所有劳动者都具有约束力。即使郭某在集体合同订立后才进入公司，对他也同样有效。

【法条链接】

《劳动合同法》第五十四条 集体合同订立后，应当报送劳动行政部门；劳动行政部门自收到集体合同文本之日起十五日内未提出异议的，集体合同即行生效。

依法订立的集体合同对用人单位和劳动者具有约束力……

企业招工不签合同怎么办

【案例】

刘某到南方某企业工作，企业招工时根本不和他们签合同，而且将工资压得很低。厂方的人对他们说："你们谁要签合同，立刻走人。"工人们害怕被辞退，都不敢提签合同的事。那么，企业招工不签合同怎么办？

【法律解析】

该工厂不签订劳动合同的情况，是严重的违法行为。《劳动法》规定，劳动合同应当以书面形式订立，明确劳动合同的必备条款和约定条款。这样依法订立的劳动合同便于操作，可以起到维护劳动者合法权益以及在发生劳动争议后分清双方法律责任的作用。本案中，工人可以就订立劳动合同以及和劳动合同有关的合法权益等事项向企业行政方面提出合理的要求，也可请厂工会出面协商解决这些问题，或者直接向当地政府和劳动行政管理部门反映情况，请他们依法给予公正解决。

【法条链接】

《劳动法》第十六条第二款 建立劳动关系应当订立劳动合同。

劳动合同到期没续签该如何处理

【案例】

　　林某与某信息技术公司签订了为期3年的劳动合同。3年后合同期限届满，双方没有续签合同，也没有办理终止合同的手续，林某仍在公司工作。这种情况要如何认定？

【法律解析】

　　根据相关法律规定，当事人双方履行了合同义务，劳动合同终止、解除以后，用人单位应当与劳动者办理终止或解除劳动合同的手续，为劳动者出具终止、解除劳动合同证明书，作为劳动者按规定享受失业保险待遇和求职登记的凭证。如果用人单位愿意与劳动者继续维持劳动关系，就应该续签合同。如果合同期满后，双方对此没有任何异议，一切照旧，则认定为双方默认按照劳动合同的约定继续履行。本案中，林某尽管与公司没有续约，但双方对现状没有异议，就视为双方续约。

【法条链接】

　　《最高人民法院关于审理劳动争议案件适用法律若干问题的解释》第十六条　劳动合同期满后，劳动者仍在原用人单位工作，原用人单位未表示异议的，视为双方同意以原条件继续履行劳动合同。一方提出终止劳动关系的，人民法院应当支持。

　　根据《劳动法》第二十条之规定，用人单位应当与劳动者签订无固定期限劳动合同而未签订的，人民法院可以视为双方之间存在无固定期限劳动合同关系，并以原劳动合同确定双方的权利义务关系。

劳动合同的履行

原合同中的约定对子公司有效吗

【案例】

　　某单位与贺某签订的劳动合同中有以下条款：公司根据工作需要有权将劳动者调到企业下属的子公司工作，劳动者到子公司工作后工资待遇由子公司决定。请问，原合同中的约定对子公司有效吗？

【法律解析】

原合同中的约定对子公司无效。该单位单方约定，根据工作需要有权将贺某调到公司下属的子公司工作，而且工资待遇由子公司决定，这一约定违反平等自愿、协商一致的原则。子公司具有独立的法人资格，如果贺某被调到子公司工作，等于原劳动合同的主体用人单位一方改变了原合同中约定的双方权利义务，子公司可以不履行，这样贺某的合法权益可能会遭到损害。

【法条链接】

《劳动法》第十七条 订立和变更劳动合同，应当遵循平等自愿、协商一致的原则，不得违反法律、行政法规的规定。

劳动合同依法订立即具有法律约束力，当事人必须履行劳动合同规定的义务。

应以什么形式变更劳动合同

【案例】

马某在某公司人事部工作，因与人事部经理发生误会，经理让马某离开公司。马某向老总澄清后，老总说让经理向马某道歉。后来公司让马某去行政部门工作，马某让公司出具变更劳动合同的书面通知，负责人说没空，还说他们调动员工工作不需要任何理由。请问，马某该怎么办？

【法律解析】

根据《劳动法》的规定，订立和变更劳动合同，应当遵循平等自愿、协商一致的原则，不得违反法律、行政法规的规定。另，根据《劳动合同法》的相关规定，变更劳动合同，应当采用书面形式。本案中，用人单位应该与马某协商一致后，对劳动合同中所约定的工作内容进行变更，并应采取书面形式。如发生纠纷，马某可向当地劳动行政部门

变更劳动合同应当遵循
平等自愿、协商一致的原则

申诉，也可申请劳动仲裁。如若对仲裁结果不服，可向人民法院起诉。

【法条链接】

　　《劳动法》第十七条第一款 订立和变更劳动合同，应当遵循平等自愿、协商一致的原则，不得违反法律、行政法规的规定。

　　《劳动合同法》第三十五条 用人单位与劳动者协商一致，可以变更劳动合同约定的内容。变更劳动合同，应当采用书面形式。

　　变更后的劳动合同文本由用人单位和劳动者各执一份。

用人单位可以强行调换劳动者的工作岗位吗

【案例】

　　2003年9月，叶某受聘于一家公司，并与公司签订了劳动合同。合同中约定"正式聘用叶某为公司的技术总监"，合同期为5年，同时约定好了薪金。2003年11月，公司在没有任何理由的情况下，将叶某降职为普通的技术员，月薪也随之下调。叶某认为劳动合同中明确约定了自己的工作职位，公司不能擅自更改。但叶某与公司多次协商无果，遂向劳动仲裁委员会提出了申诉。公司可以随便调换叶某的职位吗？

【法律解析】

　　用人单位不能随便调换劳动者的职位。依法签订的劳动合同是具有法律效力的，签订合同的双方当事人必须严格履行合同中规定的义务。没有法定的变更事由，也没有经过双方当事人协商，任何一方都不能随意变更合同的内容。工作职位是劳动合同中十分重要的内容，对其更改可以视为对合同的变更。本案中，这家公司在没有其他事由，也没有与叶某协商的情况下，擅自变更了叶某的工作岗位，这是法律所不允许的。

单位强行调换我的职位

申诉

劳动仲裁委员会

【法条链接】

　　《劳动合同法》第二十九条 用人单位与劳动者应当按照劳动合同的约定，全面履行各自的义务。

《劳动法》第十七条 订立和变更劳动合同，应当遵循平等自愿、协商一致的原则，不得违反法律、行政法规的规定。

劳动合同依法订立即具有法律约束力，当事人必须履行劳动合同规定的义务。

用人单位不交付劳动合同怎么办

【案例】

经面试，程某被录用为某烘烤屋服务员。双方签订了劳动合同，约定工资为每月1000元。面试时说好包吃包住、上班时间是从下午6点到凌晨2点，但这些都没有写进合同，而且也没有约定社会保险。合同只有一份，在老板那里。请问，如果老板违反合同约定，程某该怎么办？

【法律解析】

劳动合同期限、工作时间、社会保险等是劳动合同的必备条款，而本案中签订的劳动合同中并没有载明，而且合同只有一份，违反法律规定，因此给程某造成的权益损害，用人单位应当承担赔偿责任。

【法条链接】

《劳动合同法》第八十一条 用人单位提供的劳动合同文本未载明本法规定的劳动合同必备条款或者用人单位未将劳动合同文本交付劳动者的，由劳动行政部门责令改正；给劳动者造成损害的，应当承担赔偿责任。

劳动合同的解除与终止

什么情况下劳动者可以解除合同

【案例】

不久前，某污水治理厂的大批职工出现中毒现象。经调查，发现是由于经过治理的水不小心渗入饮水管道，致使食用过饮水管道里的水的职工全部中毒。经过抢救，中毒的职工都脱离了生命危险，但职工们决定与该厂解除劳动合同。这样做可以吗？

【法律解析】

职工们可以这样做。《劳动合同法》明确规定，用人单位的规章制度违反法律、法规的规定，损害劳动者权益的，劳动者可以解除劳动合同。该厂没有及时地更新污水治理设备，致使大批职工饮水中毒，职工们可以解除劳动合同。

【法条链接】

《劳动合同法》第三十八条第一款　用人单位有下列情形之一的，劳动者可以解除劳动合同：

……

（四）用人单位的规章制度违反法律、法规的规定，损害劳动者权益的；

……

解除合同，押金还能要回吗

【案例】

赵某与某公司签订了为期2年的劳动合同，并按约定缴纳了2000元的押金。现在赵某已经在该公司工作了3个月，但该公司一直没有给赵某发工资。请问，如果赵某想离开该公司，他缴纳的押金还能要回来吗？

【法律解析】

根据《劳动合同法》的有关规定，用人单位招用劳动者，不得扣押劳动者的居民身份证和其他证件，不得要求劳动者提供担保或者以其他名义向劳动者收取财物。本案中，赵某所在公司收取押金的行为是违法的，无论他是否离开，押金都应该如数返还。

【法条链接】

《劳动合同法》第九条　用人单位招用劳动者，不得扣押劳动者的居民身份证和其他证件，不得要求劳动者提供担保或者以其他名义向劳动者收取财物。

职工可以随时解除劳动合同吗

【案例】

2008年3月1日，小孙到一家民营企业应聘，当时签订了3月1日至6月1日共3个月试用期的临时合同。6月2日签了正式合同，工资也按转正工资发放。现单位要给小孙调岗位，小孙不接受，他们就直接下发调岗通知，并消除小孙原工作部门上班的签到指纹，告知小孙不到调岗后的部门报到就算小孙旷工。小孙认为自己有权不接受其他的岗位。那么，小孙应该怎样解除劳动合同呢?

【法律解析】

《劳动法》第三十二条规定了劳动者可以随时解除劳动合同的三种情形，如果小孙符合其中情形之一，就可以随时解除合同。否则，他要解除劳动合同，应当提前30日以书面形式通知用人单位。

【法条链接】

《劳动法》第三十二条 有下列情形之一的，劳动者可以随时通知用人单位解除劳动合同:

（一）在试用期内的;

（二）用人单位以暴力、威胁或者非法限制人身自由的手段强迫劳动的;

（三）用人单位未按照劳动合同约定支付劳动报酬或者提供劳动条件的。

劳动者可以不事先通知用人单位，随时解除劳动合同吗

【案例】

冯某与某销售公司签订劳动合同。合同约定，冯某的月薪为2000元。1个月后，冯某足额领到第1个月的工资。但是，自第2个月开始，公司声称冯某的工作业绩不好，要求减薪。冯某不服，向公司抗议无果后，遂宣布与该公司解除劳动关系。公司以单方面不能解约为由，拒绝冯某辞职。冯某可以单方面宣布解约吗?

【法律解析】

冯某可以单方面宣布解约。作为劳动者，在就业关系中本就属于弱势群体，其合法权益很容易受到侵害。对此，立法机关在立法时，制定相应的保护条款也是理所当然。本案中，公司减少冯某的薪金，与最初的约定相违背。冯某工作业绩的好坏与约定好的薪金是没有关系的，用人单位的行为属于无故克扣工资的行为，该行为严重侵害了冯某的合法权益。根据相应的法律规定，冯

某可以单方面宣布解除与用人单位的劳动关系。

【法条链接】

　　《劳动法》第三十二条　有下列情形之一的，劳动者可以随时通知用人单位解除劳动合同：

　　（一）在试用期内的；

　　（二）用人单位以暴力、威胁或者非法限制人身自由的手段强迫劳动的；

　　（三）用人单位未按照劳动合同约定支付劳动报酬或者提供劳动条件的。

员工单方解除合同需要赔偿吗

【案例】

　　郑某毕业后到某公司应聘成功，双方约定郑某的工作岗位为办公室主任。但工作后公司却让郑某去街头发小广告，而且每天都规定任务，要求郑某从早上8点一直发到晚上7点，并称不这样工作就不发工资。郑某向公司提出异议，但公司却拿出劳动合同称：不干可以，但必须按照劳动合同赔偿单位损失2000元。请问，郑某是否有权解除劳动合同？解除后是不是要赔钱呢？

【法律解析】

　　我国有关法律规定，用人单位的规章制度违反法律、法规的规定，损害劳动者权益的，劳动者可以解除劳动合同。用人单位以暴力、威胁或者非法限制人身自由的手段强迫劳动者劳动的，或者用人单位违章指挥、强令冒险作业危及劳动者人身安全的，劳动者可以立即解除劳动合同，不需事先告知用人单位。本案中，郑某去公司工作后，用人单位未按承诺给其安排工作，对此，郑某可以理直气壮地解除劳动合同，不必赔偿单位损失。

【法条链接】

　　《劳动合同法》第三十八条　用人单位有下列情形之一的，劳动者可以解除劳动合同：

　　（一）未按照劳动合同约定提供劳动保护或者劳动条件的；

　　（二）未及时足额支付劳动报酬的；

　　（三）未依法为劳动者缴纳社会保险费的；

　　（四）用人单位的规章制度违反法律、法规的规定，损害劳动者权益的；

　　（五）因本法第二十六条第一款规定的情形致使劳动合同无效的；

（六）法律、行政法规规定劳动者可以解除劳动合同的其他情形。

用人单位以暴力、威胁或者非法限制人身自由的手段强迫劳动者劳动的，或者用人单位违章指挥、强令冒险作业危及劳动者人身安全的，劳动者可以立即解除劳动合同，不需事先告知用人单位。

解除合同后单位拒绝出具证明怎么办

【案例】

房某与某公司签订了一份劳动合同，工作了一段时间后，房某和公司协商解除了劳动合同。之后房某到一家外资企业应聘，但是该外资企业要房某提供与原公司解除劳动合同的证明，而原公司拒绝提供。请问，房某该怎么办呢？

【法律解析】

房某与原公司协商一致后解除了劳动合同，该公司以各种理由不提供给房某解除劳动合同的证明，这种行为是违法的。《劳动合同法》第五十条第一款、第八十九条规定，用人单位应当在解除或者终止劳动合同时出具解除或者终止劳动合同的证明，并在十五日内为劳动者办理档案和社会保险关系转移手续。用人单位违反本法规定未向劳动者出具解除或者终止劳动合同的书面证明，由劳动行政部门责令改正；给劳动者造成损害的，应当承担赔偿责任。因此，房某可以向劳动行政部门求助，责令原公司为他出具解除劳动合同的证明。

【法条链接】

《劳动合同法》第五十条第一款 用人单位应当在解除或者终止劳动合同时出具解除或者终止劳动合同的证明，并在十五日内为劳动者办理档案和社会保险关系转移手续。

第八十九条 用人单位违反本法规定未向劳动者出具解除或者终止劳动合同的书面证明，由劳动行政部门责令改正；给劳动者造成损害的，应当承担赔偿责任。

公司经营困难，可以大规模裁员吗

【案例】

大学毕业生李某成功应聘某金融公司，签订了为期3年的工作合同。因金融危机，该公司经营出现重大困难。公司决定大规模裁员，李某也在其中。李某不服，于是向劳动仲裁机关申请仲裁。
请问，经营困难的企业可以大规模裁
员吗？

【法律解析】

　　本案中，该金融公司为了渡过难
关，采取经济性裁员，这原本是可行
的。但是，该公司却没有履行法定的
程序。法定的程序首先是提前三十日

法定裁员程序

裁员

告知工会，并听取工会的意见；然后向劳动部门报告裁减方案。该公司采取的
程序不合法，因此裁减员工的行为无效，应当继续履行与李某的合同。

【法条链接】

　　《劳动合同法》第四十一条第一款　有下列情形之一，需要裁减人员二十
人以上或者裁减不足二十人但占企业职工总数百分之十以上的，用人单位提前
三十日向工会或者全体职工说明情况，听取工会或者职工的意见后，裁减人员
方案经向劳动行政部门报告，可以裁减人员：

　　（一）依照企业破产法规定进行重整的；

　　（二）生产经营发生严重困难的；

　　（三）企业转产、重大技术革新或者经营方式调整，经变更劳动合同
后，仍需裁减人员的；

　　（四）其他因劳动合同订立时所依据的客观经济情况发生重大变化，致
使劳动合同无法履行的。

试用、见习

见习期与试用期有什么区别

【案例】

　　于某是一名大学应届毕业生，5月通过招聘会进入一家企业工作，与该企
业签订了一份为期3年的劳动合同，同时约定了1年的见习期。于某记得劳动合
同法中规定，3年以上固定期限的劳动合同，试用期不得超过6个月。请问，见

习期与试用期有什么区别?

【法律解析】

见习期是用人单位针对应届毕业生进行业务适应及考核的一种制度,试用期是用人单位和劳动者建立劳动关系后为了相互了解、选择而约定的。见习期与试用期存在很大区别。见习期是专门适用于大中专、技校毕业生的,时间一般为1年,而试用期则适用于劳动合同期限3个月以上的,不以完成一定工作任务为期限的劳动合同,时间必须与合同期限契合,但最长不得超过6个月。

【法条链接】

《劳动部办公厅对<关于劳动用工管理有关问题的请示>的复函》第四条 关于见习期与试用期。大中专、技校毕业生新分配到用人单位工作的,仍应按原规定执行为期一年的见习期制度,见习期内可以约定不超过半年的试用期。

试用期间能否随时辞职

【案例】

华某应聘到一家公司上班,公司规定华某的试用期为2个月,试用期间工资为1000元。华某到公司工作后,发现公司的实际运营情况不是太好,公司的经营理念华某也不能接受,便跟经理提出辞职。可是经理说华某得做完一个月,等公司招到了新员工才能离职。请问,华某要等多久才能离开公司? 华某的工资该如何结算?

【法律解析】

由于华某是在试用期内,他可以随时辞职,不用等到公司招到新员工后再辞职。试用期内的工资标准不能低于当地最低工资标准,华某在公司工作满1个月的

按月结算工资;如果工作不满1个月或者满1个月但不满2个月,公司应当按照他的实际工作天数支付工资。

【法条链接】

《劳动法》第三十二条 有下列情形之一的,劳动者可以随时通知用人单位解除劳动合同:

(一)在试用期内的;

（二）用人单位以暴力、威胁或者非法限制人身自由的手段强迫劳动的；

（三）用人单位未按照劳动合同约定支付劳动报酬或者提供劳动条件的。

试用期内发现劳动者不符合录用条件怎么办

【案例】

某公司招收了一批新的职员，在试用期中，公司发现自称毕业于北京某知名大学的戴某整体的素质与其他学员相差甚远，学习能力极差，与简历上标注的信息完全不符。请问，该公司可以将其辞退吗？

【法律解析】

该公司可以将其辞退。本案中，戴某投发的简历显然误导了该公司，使该公司以为戴某是符合录用条件的。在随后的试用期内，戴某的实际情况逐渐被公司掌握。当公司可以明确地证明戴某不符合录用条件时，就可以依照相关的法律规定，解除与他的劳动合同关系。

【法条链接】

《劳动合同法》第三十九条　劳动者有下列情形之一的，用人单位可以解除劳动合同：

（一）在试用期间被证明不符合录用条件的；

（二）严重违反用人单位的规章制度的；

（三）严重失职，营私舞弊，给用人单位造成重大损害的；

（四）劳动者同时与其他用人单位建立劳动关系，对完成本单位的工作任务造成严重影响，或者经用人单位提出，拒不改正的；

（五）因本法第二十六条第一款第一项规定的情形致使劳动合同无效的；

（六）被依法追究刑事责任的。

薪酬待遇与休息休假

工作日怎么计算

【案例】

叶某是某公司职工，月工资标准1500元。公司决定实行日工资制后，叶某拿到工资1041.5元，比以前少了458.5元。满头雾水的叶某找到公司经理询问此事。经理称用月工资标准1500元除以每月30天得出日工资50元，每月除去公休日的平均实际工作天数为20.83天，按日工资制计算，50元乘以20.83天，所得月工资就是1041.5元。工作日是这样计算的吗？

【法律解析】

工作日不是这样计算的。正确的计算方式应是全年日历天数365天减去法定休息日11天，再减去公休日104天，所得天数再除以12，最终得出的是每月平均工作天数20.83天。此处，案例中的某公司恶意混淆概念，用1500元的基准工资除以30天，得出日工资数额为50元，这种算法是错误的。应该用1500元除以每月平均工作天数20.83天，这样得出正确的日平均工资数额72元，再乘以实际工作天数20.83，得出叶某的工资还是1500元，没有减少。

【法条链接】

《劳动法》第三十六条 国家实行劳动者每日工作时间不超过八小时、平均每周工作时间不超过四十四小时的工时制度。

非全日制用工的薪酬是如何计算的

【案例】

蔡某是小时工，工作内容是按照雇佣人的要求，从事清洁工作。因此，蔡某没有固定的工作时间和工作地点，薪金按照一月一结算是不可能的，他的薪酬该怎么计算呢？

【法律解析】

蔡某属于非全日制用工。按照《劳动合同法》的规定，非全日制用工，以小时计酬为主，但也不排除其他合理的计算方式。尽管是按小时计酬，但是每小时的酬金不能低于用人单位所在地人民政府规定的最低小时工资标准。

【法条链接】

《劳动合同法》第六十八条 非全日

非全日制用工，平均每日工作时间不超过四小时制用工，是指以小时计酬为主，劳动者在同一用人单位一般平均每日工作时间不超过四小时，每周工作时间累计不超过二十四小时的用工形式。

第七十二条　非全日制用工小时计酬标准不得低于用人单位所在地人民政府规定的最低小时工资标准。

非全日制用工劳动报酬结算支付周期最长不得超过十五日。

合同无效就可拒付工资吗

【案例】

杨某与某公司签订了为期1年的劳动合同。工作1个月后，公司发现杨某的工作能力与学历很不相符，经核实证明，杨某的学历证明是假的。公司以劳动合同无效为由拒付杨某工资。请问，合同无效就可以拒绝支付工资吗？

【法律解析】

本案中，公司应当支付杨某工资。《劳动法》规定，采取欺诈的手段订立的劳动合同无效。不过，根据《劳动合同法》的有关规定，虽然无效的劳动合同不受法律保护，但是在劳动合同履行过程中，劳动者已经付出了劳动的，用人单位应当向劳动者支付劳动报酬。

【法条链接】

《劳动法》第十八条第一款　下列劳动合同无效：

……

（二）采取欺诈、威胁等手段订立的劳动合同。

《劳动合同法》第二十八条　劳动合同被确认无效，劳动者已付出劳动的，用人单位应当向劳动者支付劳动报酬。劳动报酬的数额，参照本单位相同或者相近岗位劳动者的劳动报酬确定。

什么情况下工资可以延迟支付

【案例】

老李是某楼盘的木工工人，因开发商与承建商发生债务纠纷，导致老李的工资被拖欠。请问，老李能否索要他的劳动报酬？

【法律解析】

根据《劳动部关于印发〈对《工资支付暂行规定》有关问题的补充规定〉的通知》，用人单位可以延迟支付工资的情况有：（一）用人单位遇到非人力所能抗拒的自然灾害、战争等原因，无法按时支付工资；（二）用人单位确因生产经营困难、资金周转受到影响，在征得本单位工会同意后，可暂时延期支付劳动者工资，延期时间的最长限制可由各省、自治区、直辖市劳动行政部门根据各地情况确定。债务纠纷不是延迟支付工资的理由，老李可以向用人单位索要劳动报酬。

【法条链接】

《工资支付暂行规定》第八条 对完成一次性临时劳动或某项具体工作的劳动者，用人单位应按有关协议或合同规定在其完成劳动任务后即支付工资。

单位是否应按提高的护士工资标准执行

【案例】

王某在某附属医院从事临床护理工作20余年，一直享受护龄津贴及提高工资10%的待遇。近几年因工作需要，王某从事护理教学工作，但未脱离护理岗位。可是自2007年11月起单位取消了王某工资标准提高的部分。王某很疑惑自己始终从事护理工作，为什么还要取消那10%的工资待遇？

【法律解析】

本案中，王某在医院从事临床护理工作已满20年，即使她现在从事的是护理教学工作，只要还在医疗卫生机构工作，就应该按原来的标准执行，医院不应该取消王某工资标准提高的部分。

【法条链接】

《人事部、卫生部、财政部关于提高护士工资标准的实施办法》第二条 提高工资标准的护士，从事护士工作不满20年的，调离护士工作岗位后，工资标准提高的部分即行取消，并执行新工作岗位的工资标准；从事护士工作满20年及其以上，因工作需要，经领导批准调离护士工作岗位后，在医疗卫生机构从事其他工作的，仍按提高的工资标准执行。

用人单位让员工加班要支付加班费吗

【案例】

某设备制造厂接到一笔款额较大的订单，由于时间紧迫，要求全厂职工不分昼夜地加班，采取轮休制度。该厂职工接受厂里的决定，但要求支付一定的加班费。请问，加班要支付加班费吗？

【法律解析】

加班要支付加班费。为了保障劳动者的合法权益，国家在立法时，并不支持用人单位为了业绩而安排职工长时间地从事超出既定时间的工作，因为这在实质上是侵犯职工的合法权益。但是实际上，超时工作的现象不可避免。对此，只能采取一些补偿的措施，如给加班的职工支付加班费。本案中，某设备制造厂为了在规定的期限内完成订单，要求职工加班加点，这本也是无可奈何的事。但职工加班加点付出的劳动，应该给予一定的补偿，支付职工加班费。

【法条链接】

《劳动法》第四十四条　有下列情形之一的，用人单位应当按照下列标准支付高于劳动者正常工作时间工资的工资报酬：

（一）安排劳动者延长工作时间的，支付不低于工资的百分之一百五十的工资报酬；

……

实行计时工资制，可以带薪休假吗

【案例】

赵某是一家公司的职工，公司实行计时工作制。在公司已经工作了3年的赵某向单位申请休年假，被批准休假两周，但公司要扣发赵某两周的工资。请问，赵某休年假是否享受工资待遇？

【法律解析】

赵某在休假期间应该享受工资待遇，赵某所在公司的做法违反了法律规定。计时工资是按照单位计时工资标准和工作时间支付给职工个人的劳动报酬，它是计算发放劳动报酬的一种制度，不是规定工作时间和休息时间的制度。年休假制度是我国法律规定的一种法定休息制度，对企业具有强制力。因赵某在公司工作3年，享有带薪年休假的权利。

【法条链接】

《劳动法》第四十五条 国家实行带薪年休假制度。

劳动者连续工作一年以上的，享受带薪年休假。具体办法由国务院规定。

符合哪些条件可以得到供养亲属抚恤金

【案例】

2007年5月，石某在一次工伤事故中被严重烧伤，后经医治无效死亡。石某的父母都已年近70岁，已经丧失劳动能力，靠石某生前的工资供养。石某的妻子下岗在家待业，还有一个未成年的孩子。请问：石某的家人是否都能得到供养亲属抚恤金？

【法律解析】

职工因工死亡，其符合条件的直系亲属可以从工伤保险基金中领取供养亲属抚恤金。本案中，石某的父母和孩子符合相关条件，可以得到供养亲属抚恤金。

【法条链接】

《因工死亡职工供养亲属范围规定》第三条 上条规定的人员，依靠因工死亡职工生前提供主要生活来源，并有下列情形之一的，可按规定申请供养亲属抚恤金：

（一）完全丧失劳动能力的；

因工死亡职工供养亲属范围

（二）工亡职工配偶男年满60周岁、女年满55周岁的；

（三）工亡职工父母男年满60周岁、女年满55周岁的；

（四）工亡职工子女未满18周岁的；

（五）工亡职工父母均已死亡，其祖父、外祖父年满60周岁，祖母、外祖母年满55周岁的；

（六）工亡职工子女已经死亡或完全丧失劳动能力，其孙子女、外孙子女未满18周岁的；

（七）工亡职工父母均已死亡或完全丧失劳动能力，其兄弟姐妹未满18周岁的。

解除劳动合同，能拿回被克扣的工资吗

【案例】

孙某是一名执业医师，2007年5月起在一家按摩店上班，合同约定月工资2000元，但实际月工资只有1800元，现在孙某已萌生去意。请问，如果解除劳动合同，孙某能拿回被克扣的工资吗？

【法律解析】

孙某能拿回被克扣的工资。根据《劳动法》的规定，按摩店未按照劳动合同约定支付劳动报酬，孙某可以随时通知用人单位解除劳动合同。孙某可以向劳

动行政部门求助，由劳动行政部门责令该按摩店支付其工资报酬、经济补偿以及赔偿金。

【法条链接】

《劳动法》第三十二条 有下列情形之一的，劳动者可以随时通知用人单位解除劳动合同：

（一）在试用期内的；

（二）用人单位以暴力、威胁或者非法限制人身自由的手段强迫劳动的；

（三）用人单位未按照劳动合同约定支付劳动报酬或者提供劳动条件的。

第九十一条 用人单位有下列侵害劳动者合法权益情形之一的，由劳动行政部门责令支付劳动者的工资报酬、经济补偿，并可以责令支付赔偿金：

（一）克扣或者无故拖欠劳动者工资的；

（二）拒不支付劳动者延长工作时间工资报酬的；

（三）低于当地最低工资标准支付劳动者工资的；

（四）解除劳动合同后，未依照本法规定给予劳动者经济补偿的。

女职工与未成年工保护

怀孕就要被炒鱿鱼吗

【案例】

张某是某合资企业的职员，该企业内部有一条不成文的规定，就是已到生育年龄的女员工，如果想继续留任，都要立下一份名为"生育保证书"的字据，内容如下：本人保证在合同期内不怀孕，如有违反，则将作自动离职处理。请问，该企业的此项规定合法吗？

【法律解析】

该企业的此项规定不合法。企业强迫女职工约定"生育保证书"违背了《妇女权益保障法》以及《劳动法》的有关规定。单位以结婚、怀孕、产假、哺乳等为由辞退女职工，应当认定无效。

【法条链接】

《劳动法》第二十九条　劳动者有下列情形之一的，用人单位不得依据本法第二十六条、第二十七条的规定解除劳动合同：

（一）患职业病或者因工负伤并被确认丧失或者部分丧失劳动能力的；

（二）患病或者负伤，在规定的医疗期内的；

（三）女职工在孕期、产期、哺乳期内的；

（四）法律、行政法规规定的其他情形。

怀孕时被解雇，仲裁请求为何被驳回

【案例】

王某在某公司工作。2006年5月，王某怀孕了。同年10月，公司以孕妇不能正常从事工作为由，解除了与王某的劳动合同。11月，王某向法院起诉，法院裁定不予受理。2008年6月，王某向劳动争议仲裁委员会申请仲裁，再次要求确认公司解除劳动合同行为无效，仲裁委员会裁决驳回仲裁请求。这是为什么？

【法律解析】

法院不受理王某的起诉，是因为《劳动法》关于劳动争议仲裁前置的规定。劳动争议的处理方式具有一定的特殊性。一般争议都是或裁或审，选择仲裁则一裁终局；而劳动争议则必须先经过仲裁，对仲裁裁决不服的，再向法院起诉，即不得直接向法院起诉，且劳动争议仲裁裁决也不是终局裁决。本案中，王某未先申请仲裁，直接向法院起诉，自然会被法院裁定不予受理。当王某再次向劳动争议仲裁委员会提出仲裁请求而被驳回，则是因为该争议已过仲裁的时效。本案中，劳动争议

发生之日为2006年10月，而王某在2008年6月才申请劳动仲裁，早已过仲裁时效，所以被驳回仲裁请求。

【法条链接】

《劳动法》第七十九条 劳动争议发生后，当事人可以向本单位劳动争议调解委员会申请调解；调解不成，当事人一方要求仲裁的，可以向劳动争议仲裁委员会申请仲裁。当事人一方也可以直接向劳动争议仲裁委员会申请仲裁。对仲裁裁决不服的，可以向人民法院提出诉讼。

第八十二条 提出仲裁要求的一方应当自劳动争议发生之日起六十日内向劳动争议仲裁委员会提出书面申请。仲裁裁决一般应在收到仲裁申请的六十日内作出。对仲裁裁决无异议的，当事人必须履行。

我国法律对产假是怎么规定的

【案例】

赵某是毛纺厂的一名工人，现在怀孕9个月了，由于贫血，医生建议她多休息。于是赵某想向厂领导提出休产前假，可是她不知道能休多少天。请问，我国对产假是怎样规定的？

【法律解析】

女职工产假为九十天，其中产前休假十五天。难产的，增加产假十五天。多胞胎生育的，每多生育一个婴儿，增加产假十五天。产前假一般不得放到产后使用。若孕妇提前生产，可将不足的天数和产后假合并使用；若孕妇推迟生产，可将超出的天数按病假处理。

【法条链接】

《女职工劳动保护特别规定》第八条第一款 女职工产假为九十天，其中产前休假十五天。难产的，增加产假十五天。多胞胎生育的，每多生育一个婴儿，增加产假十五天。

未成年工不能从事哪些劳动

【案例】

小海读了3年劳动技校，马上面临毕业，听说学校将会给他和同学们分配工作，但是当时小海未满18周岁。小海想知道，自己不能从事哪些劳动？

【法律解析】

考虑到未成年人的身体发育状况和心理发育状况，其从事的工作自然不能等同于成年人。通常，我国规定缩短未成年人的工作时间，禁止安排未成年人从事夜班工作及加班加点工作。不得安排未成年工从事矿山井下、有毒有害、国家规定的第四级体力劳动强度的劳动和其他禁忌从事的劳动。本案中，小海未满18周岁，用人单位绝对不能安排其从事禁忌的工作，以便保护未成年人的身体和心理健康。

【法条链接】

《劳动法》第六十四条 不得安排未成年工从事矿山井下、有毒有害、国家规定的第四级体力劳动强度的劳动和其他禁忌从事的劳动。

影视公司招录未成年人违法吗

【案例】

某影视艺术发展公司在一所实验小学招录了几名小学刚毕业的女孩，打算培养她们成为偶像明星。经过当地劳动行政部门批准，该影视公司与这几名女孩的家长签订了合同。合同规定，女孩们与公司签约6年，进行封闭式训练，其间要服从公司的演出安排。但这些女孩平均年龄才12岁，属于童工。请问，影视公司的行为违法吗？

【法律解析】

我国法律明确规定，禁止使用童工。这也是国际劳工法的一项基本原则。但是，对于一些文艺、体育或特种工艺的单位，则可以适当地放宽政

策。这是因为，在文艺、体育等相关领域，人才的培养往往从很小的时候就要开始，长大后就很难培养了。由此可见，这些单位招收未满16周岁的未成年人是很正常的。本案中，某影视艺术发展公司通过正常渠道将女孩们收归旗下，各种手续一应俱全，程序合法，且签订合同时，遵循了平等自愿的原则，其行为并不违法。

【法条链接】

《劳动法》第十五条 禁止用人单位招用未满十六周岁的未成年人。

文艺、体育和特种工艺单位招用未满十六周岁的未成年人，必须遵守国家有关规定，并保障其接受义务教育的权利。

违约金与经济补偿金

未签订劳动合同，辞职能否要求经济补偿

【案例】

钱某在某工厂打工2年，没有社会保险，单位也没和钱某签订劳动合同，钱某打算主动提出辞职。请问，如果钱某辞职，他能否得到经济补偿？

【法律解析】

用人单位未依法为劳动者缴纳社会保险费的，劳动者可以解除劳动合同。劳动者依照《劳动合同法》第三十八条规定解除劳动合同的，用人单位应当向劳动者支付经济补偿。经济补偿按劳动者在本单位工作的年限，每满1年支付1个月工资的标准向劳动者支付。此外，用人单位自用工之日起超过1个月不满1年未与劳动者订立书面劳动合同的，应当向劳动者每月支付2倍的工资。本案中，钱某如与单位协商不成，可向劳动仲裁部门申请仲裁；如对仲裁结果不服，可向人民法院起诉。

【法条链接】

《劳动合同法》第十四条 无固定期限劳动合同，是指用人单位与劳动者约定无确定终止时间的劳动合同。

......

用人单位自用工之日起满一年不与劳动者订立书面劳动合同的，视为用

人单位与劳动者已订立无固定期限劳动合同。

第三十八条　用人单位有下列情形之一的，劳动者可以解除劳动合同：

（一）未按照劳动合同约定提供劳动保护或者劳动条件的；

（二）未及时足额支付劳动报酬的；

（三）未依法为劳动者缴纳社会保险费的；

（四）用人单位的规章制度违反法律、法规的规定，损害劳动者权益的；

（五）因本法第二十六条第一款规定的情形致使劳动合同无效的；

（六）法律、行政法规规定劳动者可以解除劳动合同的其他情形。

用人单位以暴力、威胁或者非法限制人身自由的手段强迫劳动者劳动的，或者用人单位违章指挥、强令冒险作业危及劳动者人身安全的，劳动者可以立即解除劳动合同，不需事先告知用人单位。

第四十六条　有下列情形之一的，用人单位应当向劳动者支付经济补偿：

（一）劳动者依照本法第三十八条规定解除劳动合同的；

……

经济补偿金的工资基数包括哪些项目

【案例】

冯某是某公司的职员，公司准备辞退他，与其协商经济补偿金的支付问题。冯某想知道的是，经济补偿金的工资基数包括哪些项目，加班费和住房补贴算吗？

【法律解析】

《劳动合同法》第四十七条规定，经济补偿按劳动者在本单位工作的年限，每满一年支付一个月工资的标准向劳动者支付。六个月以上不满一年的，按一年计算；不满六个月的，向劳动者支付半个月工资的经济补偿。本条所称月工资是指劳动者在劳动合同解除或者终止前十二个月的平均工资。对工资的范围，《劳动部门关于贯彻执行〈中华人民共和国劳动法〉若干问题的意见》（以下简称《劳动法意见》）规定，工资包括计时工资、计件工资、奖金、津贴和补贴、延长工作时间的工资报酬以及特殊情况下支付的工资等。所以，加班费和住房补贴应计算在工资基数之内。

【法条链接】

《劳动法意见》第五十三条 劳动法中的"工资"是指用人单位依据国家有关规定或劳动合同的约定,以货币形式直接支付给本单位劳动者的劳动报酬,一般包括计时工资、计件工资、奖金、津贴和补贴、延长工作时间的工资报酬以及特殊情况下支付的工资等。"工资"是劳动者劳动收入的主要组成部分……

经济补偿金等需要缴纳个人所得税吗

【案例】

2008年,单位与赵某解除了劳动关系,并发给赵某一次性经济补偿金8000元。但是赵某听说,个人因与用人单位解除劳动关系取得的一次性补偿收入要缴个人所得税。请问,赵某需要缴纳个人所得税吗?

【法律解析】

个人因与用人单位解除劳动关系而取得的一次性补偿收入,在当地上年职工平均工资3倍数额以内的部分,免征个人所得税;超过的部分才计算征收个人所得税。因此,赵某首先要明确当地上年职工平均工资是多少,只有该收入超过当地上年职工平均工资3倍数额的部分,才征收个人所得税。

【法条链接】

《财政部、国家税务总局关于个人与用人单位解除劳动关系取得的一次性补偿收入征免个人所得税问题的通知》第一条 个人因与用人单位解除劳动关系而取得的一次性补偿收入(包括用人单位发放的经济补偿金、生活补助费和其他补助费用),其收入在当地上年职工平均工资3倍数额以内的部分,免征个人所得税;超过的部分按照《国家税务总局关于个人因解除劳动合同取得经济补偿金征收个人所得税问题的通知》(国税发〔1999〕178号)的有关规定,计算征收个人所得税。

违反保密义务的赔偿标准是什么

【案例】

杜某是某公司的技术人员,掌握该公司新产品的技术参数和配方。杜某的朋友多次让杜某帮他复印一些技术资料,碍于情面杜某只好答应,但却给公司带来了很大的经济损失。现在公司以杜某违反劳动合同中的保密条款为由要杜某赔偿。请问，违反保密义务的赔偿标准是什么？

【法律解析】

　　劳动者违反劳动合同中约定的保密事项，对用人单位造成经济损失的，可根据《中华人民共和国反不正当竞争法》（以下简称《反不正当竞争法》）第十七条的规定赔偿用人单位的经济损失。

【法条链接】

　　《反不正当竞争法》第十七条　经营者违反本法规定，给他人造成损害的，应当依法承担民事责任。

　　经营者的合法权益受到不正当竞争行为损害的，可以向人民法院提起诉讼。

　　因不正当竞争行为受到损害的经营者的赔偿数额，按照其因被侵权所受到的实际损失确定；实际损失难以计算的，按照侵权人因侵权所获得的利益确定。经营者恶意实施侵犯商业秘密行为，情节严重的，可以在按照上述方法确定数额的一倍以上五倍以下确定赔偿数额。赔偿数额还应当包括经营者为制止侵权行为所支付的合理开支。

　　经营者违反本法第六条、第九条规定，权利人因被侵权所受到的实际损失、侵权人因侵权所获得的利益难以确定的，由人民法院根据侵权行为的情节判决给予权利人五百万元以下的赔偿。

损害赔偿篇

捍卫权益

交通事故损害赔偿

违章停车遭遇酒后驾车，责任如何承担

【案例】

某日晚，苏某驾驶摩托车回家。当车行至某环岛时，一个垃圾袋附着在苏某的摩托车轮上。苏某将车停在机动车道内，下车清理。此时，朱某驾驶小轿车快速驶来。由于朱某酒后驾车，苏某与摩托车一起被撞飞，当场死亡。那么，对于该事故的责任该如何承担？

【法律解析】

朱某应承担该事故的主要责任，苏某承担次要责任。本案中，虽然苏某在清除故障时未按规定将车移至不妨碍交通的地方停放，但其主观上不存在违章的故意，其过错应属于过失，不承担事故的主要责任。而朱某是在饮酒后驾车，其行为是严重的违章。朱某饮酒导致判断力下降，是造成该事故的主要原因。

【法条链接】

《中华人民共和国道路交通安全法》（以下简称《道路交通安全法》）第二十二条 机动车驾驶人应当遵守道路交通安全法律、法规的规定，按照操作规范安全驾驶、文明驾驶。

饮酒、服用国家管制的精神药品或者麻醉药品，或者患有妨碍安全驾驶机动车的疾病，或者过度疲劳影响安全驾驶的，不得驾驶机动车。

任何人不得强迫、指使、纵容驾驶人违反道路交通安全法律、法规和机动车安全驾驶要求驾驶机动车。

第五十二条 机动车在道路上发生故障，需要停车排除故障时，驾驶人应当立即开启危险报警闪光灯，将机动车移至不妨碍交通的地方停放；难以移动的，应当持续开启危险报警

次要责任　主要责任

闪光灯，并在来车方向设置警告标志等措施扩大示警距离，必要时迅速报警。

小区内被车撞伤如何维权

【案例】

某天傍晚，梁某和邻居在小区里聊天。旁边一辆捷达车忽然倒车，梁某来不及躲闪，被撞倒在地，造成小腿骨折，肇事司机只给了梁某1000元，其他的费用都不赔偿。有人说这属于交通事故，应当由交警处理，也有人说小区不属于道路范围。那么，梁某该如何维护自己的权益？

【法律解析】

梁某可以找公安部门处理或者以损害赔偿为由，向人民法院起诉，通过诉讼程序解决。《道路交通安全法》中的"道路"是指公路、城市道路和虽在单位管辖范围内但允许社会机动车通行的地方，包括广场、公共停车场等用于公众通行的场所。车辆在法定道路以外通行时发生的事故不属于道路交通事故，而属于非道路交通事故。

【法条链接】

《道路交通安全法》第七十七条 车辆在道路以外通行时发生的事故，公安机关交通管理部门接到报案的，参照本法有关规定办理。

什么是机动车无过错责任

【案例】

某天早晨，某十字路口发生了堵塞。人行横道被机动车堵死，行人只好从机动车之间穿行。当行人汤某欲从一辆停止的大巴前穿过时，司机因未注意到前方的汤某而启动大巴，汤某抽身不及被当场辗轧致死。那么，大巴司机是否可以因汤某穿行机动车道而免责呢？

【法律解析】

大巴司机不能免责，应当承担事故的全部责任。我国法律实行机动车无过错责任，即对机动车与非机动车、行人之间的交通事故适用无过错责任。本案中，当大巴启动时，司机应当注意车辆的前方是否有人穿行，但该司机却未在高度注意和确保安全的情况下启动司机，导致交通事故的发生，因此应承担全部责任。

【法条链接】

《道路交通安全法》第七十六条第一款第二项 机动车与非机动车驾驶人、行人之间发生交通事故，非机动车驾驶人、行人没有过错的，由机动车一方承担赔偿责任；有证据证明非机动车驾驶人、行人有过错的，根据过错程度适当减轻机动车一方的赔偿责任；机动车一方没有过错的，承担不超过百分之十的赔偿责任。

第二款 交通事故的损失是由非机动车驾驶人、行人故意碰撞机动车造成的，机动车一方不承担赔偿责任。

双方都存在过错导致交通事故，责任如何划分

【案例】

顾某开车去往北京。临行前检查时发现防雾灯已坏，但他未予以修理。当他驾车行至大兴时，遇上大雾天气，道路能见度仅1米左右。顾某的车辆行至某道路转弯处时，将同向行驶的一辆农用车撞翻。事发时，农用车未按规定靠道路右侧边沿行驶，顾某的车未开防雾灯。那么，对于此次事故的责任该如何认定？

【法律解析】

顾某应承担主要责任，农用车应承担一定的责任。顾某在上路之前已经发现防雾灯损坏，但未加修理，存在重大过错，因此要负主要责任。农用车驾驶人在路况不允许的情况下，本应该按规定靠道路右侧行驶，但其却违反交通规定，存在一定的过错，应承担部分责任。

【法条链接】

《道路交通安全法》第二十一条 驾驶人驾驶机动车上道路行驶前，应当对机动车的安全技术性能进行认真检查；不得驾驶安全设施不全或者机件不符合技术标准等具有安全隐患的机动车。

在高速公路上正常行驶的机动车撞上行人可以免责吗

【案例】

一日，常某为抄近路回家，从高速公路护栏的破损处进入高速公路，当其快要冲过隔离带时，撞在一辆正常行驶的轿车上。常某被撞飞，当场死亡。经公安机关现场勘查认定：常某负事故的全部责任。那么，本案中的轿车司机应否对常某的死承担责任呢？

【法律解析】

轿车司机可以减轻责任，但不能免除全部责任。《道路交通安全法》对机动车与行人发生交通事故的归责原则适用无过错责任，无论机动车一方有无过错，均应承担相应的责任，除非有证据证明事故是由行人故意造成的，机动车一方才不承担责任。

【法条链接】

《道路交通安全法》第七十六条第一款第二项　机动车与非机动车驾驶人、行人之间发生交通事故，非机动车驾驶人、行人没有过错的，由机动车一方承担赔偿责任；有证据证明非机动车驾驶人、行人有过错的，根据过错程度适当减轻机动车一方的赔偿责任；机动车一方没有过错的，承担不超过百分之十的赔偿责任。

雇员承担了刑事责任，雇主还能行使追偿权吗

【案例】

司机项某受雇于张某。项某在一次驾车过程中发生交通事故，负全部责任，被法院认定为交通肇事罪，判处6个月有期徒刑。刑满后，张某向法院起诉要项某承担其20%的经济损失。雇员在从事雇佣活动中致人损害而且已经承担了刑事责任，雇主是否还可以向雇员追偿民事责任？

【法律解析】

可以追偿民事责任。因为项某对该交通事故负有全部责任，而且构成交通肇事罪，所以应当认定项某在主观上具有重大过失，张某与项某对此交通事故造成的损害应当承担连带赔偿责任，张某有权向项某追偿。

【法条链接】

《人身损害赔偿解释》第九条第一款　雇员在从事雇佣活动中致人损害的，雇主应当承担赔偿责任；雇员因故意或者重大过失致人损害的，应当与雇

主承担连带赔偿责任。雇主承担连带赔偿责任的，可以向雇员追偿。

交通肇事逃逸，要承担更严重的后果吗

【案例】

货车司机卞某，驾车经过某路段时，将齐某撞成重伤，卞某肇事后逃逸。交警队在目击证人和电子监控录像的协助下，很快逮捕到了卞某。那么，交通肇事逃逸，是否要承担更严重的后果？

【法律解析】

此案中，卞某不仅要负事故的全部责任，还会受到追究处罚。如果肇事车辆逃逸，保险公司就不再承担保险责任，车主要承担全部的赔偿费。肇事后逃逸的，属法定的加重情节，卞某的驾驶证将会被交管部门吊销，如果伤者因抢救不及时而死亡的，他还可能被法院判处7年以上有期徒刑。

【法条链接】

《道路交通安全法》第一百零一条 违反道路交通安全法律、法规的规定，发生重大交通事故，构成犯罪的，依法追究刑事责任，并由公安机关交通管理部门吊销机动车驾驶证。

造成交通事故后逃逸的，由公安机关交通管理部门吊销机动车驾驶证，且终生不得重新取得机动车驾驶证。

债务人为逃避执行而转移财产怎么办

【案例】

2007年12月，董某被驾驶摩托车的刘某撞伤，造成六级伤残。经交警大队认定，刘某负全部责任。2008年6月，董某向人民法院起诉，人民法院判决刘某赔偿董某各项费用。进入执行程序后，董某发现两天前刘某与妻子办理了协议

离婚手续，全部财产已归刘某的妻子所有。面对这种情况，董某该怎么办呢？

【法律解析】

刘某因交通事故造成董某伤残，所负之债属于夫妻共同债务，应由夫妻共同财产偿还。刘某与其妻子为了逃避对受害人的赔偿，在诉讼期间协议离婚，属于恶意串通，损害第三人利益的行为，这种行为无效。法院有权责令刘某的妻子赔偿。

【法条链接】

《民法通则》第五十八条规定下列民事行为无效：

......

（四）恶意串通，损害国家、集体或者第三人利益的；

......

无效的民事行为，从行为开始起就没有法律约束力。

医疗事故赔偿

社区医院输血染肝炎该如何举证

【案例】

阮某遭遇车祸大出血，需立即输血，可所在的社区医院中没有合适的血浆。一位病人赵某的血型正好符合，在征得双方同意后，赵某输血给阮某。1个月后，阮某痊愈，却发现得了肝炎，怀疑是上次输血引起的。之后到门诊部询问赵某的地址，但社区门诊却拒绝提供，说输血时是经过双方同意的。阮某该如何举证？

【法律解析】

阮某只需要就患肝炎的损害事实承担举证责任。医疗机构应该就医疗行为与损害结果之间不存在因果关系及不存在医疗过错承担举证责任。

【法条链接】

《关于民事诉讼证据的若干规定》第七十五条 有证据证明一方当事人持有证据无正当理由拒不提供，如果对方当事人主张该证据的内容不利于证据持有人，可以推定该主张成立。

哪些情形不属于医疗事故

【案例】

席某因高烧去医院治疗，需要注射青霉素。护士按规定给席某做了皮试后不久，席某出现呼吸困难等异常反应。医院立即进行急救，但抢救无效，席某死亡。席某家属认为是医疗事故，要求医院赔偿。而医院辩称不存在过失，应为医疗意外而非医疗事故，故此不应承担赔偿责任。那么，本案的情形属于医疗事故吗？院方要承担赔偿责任吗？

【法律解析】

本案中，医院对席某的诊断、治疗及用药都是正确的，护士为席某做皮试也按正常的规程操作，因此医院不存在过失。席某的死亡是由于其体内机能的原因产生了高度过敏的反应，而且医院也履行了及时救治的义务，因此医院不应承担赔偿责任。

【法条链接】

《医疗事故处理条例》第三十三条 有下列情形之一的，不属于医疗事故：

（一）在紧急情况下为抢救垂危患者生命而采取紧急医学措施造成不良后果的；

（二）在医疗活动中由于患者病情异常或者患者体质特殊而发生医疗意外的；

（三）在现有医学科学技术条件下，发生无法预料或者不能防范的不良后果的；

（四）无过错输血感染造成不良后果的；

（五）因患方原因延误诊疗导致不良后果的；

（六）因不可抗力造成不良后果的。

十几年之后发现肾被误摘，诉讼时效已过了吗

【案例】

1990年8岁的虞某在医院治病期间被误摘去一肾，但当时医院怕承担责任没有告诉虞某家长。2008年，虞某进行婚前检查，查出右肾已被摘除。经回忆，确认只有8岁时曾做过一次手术，于是把当年为他做手术的医院告上法院要求赔偿。而医院辩称诉讼时效已过，不再承担责任。事过十几年，虞某会败诉吗？

【法律解析】

如果有证据证明虞某的肾的确是那家医院误摘的，不会败诉。根据《民法通则》的规定，身体受到伤害要求赔偿的，诉讼时效期间为1年，从知道或者应当知道权利被侵害时起计算。本案中，虞某在2008年进行婚检的时候才发现右肾被摘除，因此诉讼时效期间应从此时起计算。

【法条链接】

《民法通则》第一百三十六条 下列的诉讼时效期间为一年：

（一）身体受到伤害要求赔偿的；

（二）出售质量不合格的商品未声明的；

（三）延付或者拒付租金的；

（四）寄存财物被丢失或者损毁的。

《民法总则》第一百八十八条第二款 诉讼时效期间自权利人知道或者应当知道权利受到损害以及义务人之日起计算。法律另有规定的，依照其规定。但是自权利受到损害之日起超过二十年的，人民法院不予保护；有特殊情况的，人民法院可以根据权利人的申请决定延长。

医院伪造病历侵犯了患者的哪些权利

【案例】

盛某到某医院做胆囊摘除手术。一年后，盛某偶然听说医院在手术中发现他左肾积水，也一并予以切除。盛某找到医院，院方向他出具了病历记录，是由盛某父亲签字的。而其父却称自己从未见过此病历，也未签过字。经字迹鉴定，签名并非盛某的父亲所写。请问，此案中医院的行为侵犯了盛某的哪些权利呢？

【法律解析】

医院的行为侵犯了盛某的生命健康权及知情权。生命健康权是神圣不可侵犯的，任何人不得任意处分他人的生命和健康。此案中，医院伪造病历，应当承担赔偿责任。

【法条链接】

《民法通则》第一百一十九条 侵害公民身体造成伤害的，应当赔偿医疗费、因误工减少的收入、残废者生活补助费等费用；造成死亡的，并应当支付丧葬费、死者生前扶养的人必要的生活费等费用。

《医疗事故处理条例》第九条 严禁涂改、伪造、隐匿、销毁或者抢夺病历资料。

第十一条 在医疗活动中，医疗机构及其医务人员应当将患者的病情、医疗措施、医疗风险等如实告知患者，及时解答其咨询；但是，应当避免对患者产生不利后果。

医疗纠纷协议达成后还能反悔吗

【案例】

农民柯某因做完手术后纱布被误缝在体内而要求医院赔偿各种损失5万元。后来双方达成协议，由医院一次性赔偿柯某5000元，此事就此了结，双方均不得反悔。拿到赔偿款后，有朋友说柯某要少了，他至少可以拿到3万元的赔偿。于是柯某到法院起诉。医院辩称双方已达成协议。那么，医疗纠纷中双方达成赔偿协议的，还能反悔吗？

【法律解析】

可以。本案中，被告与原告达成医疗纠纷协议，该协议约定的赔偿金额与原告所遭受的损失相比显失公平。根据《合同法》的有关规定，显失公平的合同属于可撤销的合同。

【法条链接】

《合同法》第五十四条 下列合同，当事人一方有权请求人民法院或者仲裁机构变更或者撤销：

（一）因重大误解订立的；

（二）在订立合同时显失公平的。

一方以欺诈、胁迫的手段或者乘人之危，使对方在违背真实意思的情况下订立的合同，受损害方有权请求人民法院或者仲裁机构变更或者撤销。

当事人请求变更的，人民法院或者仲裁机构不得撤销。

家属对死者尸体逾期不处理，医院可以私自处理吗

【案例】

宗某患急病入院治疗，经抢救无效而死亡。其妻梁某交纳了尸体存放费。1个月后，当梁某及其亲属为宗某办理尸体火化时，发现宗某的尸体不见了。医

院对此的解释为：死者家属在10天内不对死者的尸体进行处理，也不交纳尸体保管费用，应视为自动放弃处理，医院可自行处理。医院的说法能否成立呢？

【法律解析】

医院的说法不成立，医院无权私自处理死者尸体。根据相关法律规定，死者尸体存放一般不得超过两周。逾期不处理的尸体，经医疗机构所在地卫生行政部门批准，并报经同级公安部门备案后，由医疗机构按照规定进行处理。本案中，医院对于宗某的尸体应报卫生行政部门批准及公安部门备案后才可依法对宗某的尸体进行处理，而不是自行处理。

【法条链接】

《医疗事故处理条例》第十九条 患者在医疗机构内死亡的，尸体应当立即移放太平间。死者尸体存放时间一般不得超过2周。逾期不处理的尸体，经医疗机构所在地卫生行政部门批准，并报经同级公安部门备案后，由医疗机构按照规定进行处理。

工伤鉴定及赔偿

签了"免责合同"能免除工伤责任吗

【案例】

郁某在某建筑公司当临时工。他同公司签订了协议，其中包含"对民工的工伤概不负责"等条款。一天，郁某在工作时不慎从高处坠落，致使小腿骨折。公司给其2000元钱作为医疗费。由于伤情较为严重，住院2个多月，郁某无力支付医疗费，只好找公司帮忙解决，但公司拒付。那么，签订了"免责合同"公司能免除工伤责任吗？

【法律解析】

公司不能免除责任，郁某的劳动合同中"对民工的工伤概不负责"的条款是无效的。本案中，公司与郁某签订这种"工伤概不负责"的协议，既不符合法律规定，也严重违反了社会公德，属于无效的民事行为，因此公司不能免除工伤责任。

【法条链接】

《劳动合同法》第二十六条 下列劳动合同无效或者部分无效：

（一）以欺诈、胁迫的手段或者乘人之危，使对方在违背真实意思的情况下订立或者变更劳动合同的；

（二）用人单位免除自己的法定责任、排除劳动者权利的；

（三）违反法律、行政法规强制性规定的。

对劳动合同的无效或者部分无效有争议的，由劳动争议仲裁机构或者人民法院确认。

维护公共利益，见义勇为致伤属于工伤吗

【案例】

杭某是某企业职工。有一天下班回家经过铁道口时，他看到有两个小孩正在铁道上玩耍，而这时候，前方恰好有一列火车驶过来。杭某急忙把小孩推出了铁道，但由于来不及躲开，杭某被列车撞成重伤。杭某的这种行为造成的伤害能否认定为工伤？

【法律解析】

应当视同工伤。本案中，杭某受伤的情况属于在维护国家利益、公共利益活动中受到的伤害，按法律规定，可视同工伤。

【法条链接】

《工伤保险条例》第十五条 职工有下列情形之一的，视同工伤：

（一）在工作时间和工作岗位，突发疾病死亡或者在48小时之内经抢救无效死亡的；

（二）在抢险救灾等维护国家利益、公共利益活动中受到伤害的；

（三）职工原在军队服役，因战、因公负伤致残，已取得革命伤残军人证，到用人单位后旧伤复发的。

职工有前款第（一）项、第（二）项情形的，按照本条例的有关规定享受工伤保险待遇；职工有前款第（三）项情形的，按照本条例的有关规定享受

除一次性伤残补助金以外的工伤保险待遇。

没有劳动合同，就不能认定为工伤吗

【案例】

乌某应聘到一家工厂当车工，在操作车床时不慎轧断了左手三根手指。乌某请求享受工伤待遇，但工厂以没有与乌某签订正式的劳动合同为由，认为乌某不享受工伤待遇。没有书面劳动合同，就不能被认定为工伤吗?

【法律解析】

没有书面合同，也可以认定为工伤。本案中，只要乌某能够证明与该工厂存在事实上的劳动关系，即使没有书面劳动合同，也能被认定为工伤。所谓事实劳动关系，是指用人单位招用劳动者后不按规定订立劳动合同，或者用人单位与劳动者以前签订过劳动合同，但是劳动合同到期后用人单位同意劳动者继续在本单位工作却没有与其及时续订劳动合同的情况。

【法条链接】

《工伤保险条例》第十八条 提出工伤认定申请应当提交下列材料:

（一）工伤认定申请表;

（二）与用人单位存在劳动关系（包括事实劳动关系）的证明材料;

（三）医疗诊断证明或者职业病诊断证明书（或者职业病诊断鉴定书）。

工伤认定申请表应当包括事故发生的时间、地点、原因以及职工伤害程度等基本情况。

工伤认定申请人提供材料不完整的，社会保险行政部门应当一次性书面告知工伤认定申请人需要补正的全部材料。申请人按照书面告知要求补正材料后，社会保险行政部门应当受理。

职工在上班途中骑摩托车不慎摔倒，能否认定为工伤

【案例】

崔某在某酒店上班，由于单位离家比较远，每天都骑摩托车上下班。一

天早上，崔某骑摩托车在一个拐弯路口不慎滑倒，导致左手骨折，幸好抢救及时，经住院治疗后得以康复。那么，崔某的伤可否申请认定为工伤呢？

【法律解析】

根据我国法律规定，职工在上下班途中，受到机动车事故伤害的，应当认定为工伤。因此在本案中，崔某的伤能被认定为工伤。

【法条链接】

《工伤保险条例》第十四条 职工有下列情形之一的，应当认定为工伤：

（一）在工作时间和工作场所内，因工作原因受到事故伤害的；

（二）工作时间前后在工作场所内，从事与工作有关的预备性或者收尾性工作受到事故伤害的；

（三）在工作时间和工作场所内，因履行工作职责受到暴力等意外伤害的；

（四）患职业病的；

（五）因工外出期间，由于工作原因受到伤害或者发生事故下落不明的；

（六）在上下班途中，受到非本人主要责任的交通事故或者城市轨道交通、客运轮渡、火车事故伤害的；

（七）法律、行政法规规定应当认定为工伤的其他情形。

临时工是否享有工伤保险待遇

【案例】

縻某是失业人员，经朋友介绍在一家装饰公司做临时工。在工作中，縻某从高处落下摔伤，花去治疗费1000余元。縻某要求公司给予工伤保险待遇。公司以縻某是临时工为由拒绝。请问，临时工是否享有工伤保险待遇？

【法律解析】

临时工也享有工伤保险待遇。我国法律规定，企业应当为其职工参加工伤保险。其"职工"范围包括临时工、劳务工或者短期派遣工。本案中縻某是装饰公司的临时工，他

们之间形成了劳动合同关系，因此糜某应享有工伤保险待遇。

【法条链接】

《工伤保险条例》第二条 中华人民共和国境内的企业、事业单位、社会团体、民办非企业单位、基金会、律师事务所、会计师事务所等组织和有雇工的个体工商户（以下称用人单位）应当依照本条例规定参加工伤保险，为本单位全部职工或者雇工（以下称职工）缴纳工伤保险费。

中华人民共和国境内的企业、事业单位、社会团体、民办非企业单位、基金会、律师事务所、会计师事务所等组织的职工和个体工商户的雇工，均有依照本条例的规定享受工伤保险待遇的权利。

保姆享受工伤保险待遇吗

【案例】

小邴是王某家的保姆。一天在擦玻璃时不慎从椅子上掉了下来，腿摔断了，共花去医疗费4000余元。小邴认为应该算是工伤，要求王某按工伤给予赔偿，但王某予以拒绝。请问，保姆在劳动期间受伤，能享受工伤保险待遇吗？

【法律解析】

不能享受工伤保险待遇。工伤保险只适用于《劳动法》范围内的劳动关系，小邴作为家庭保姆，不是《劳动法》规定的劳动者，不属于该法适用的对象，因此只能依据《民法通则》有关人身损害赔偿的相关规定主张赔偿。

【法条链接】

《人身损害赔偿解释》第十一条 雇员在从事雇佣活动中遭受人身损害，雇主应当承担赔偿责任。雇佣关系以外的第三人造成雇员人身损害的，赔偿权利人可以请求第三人承担赔偿责任，也可以请求雇主承担赔偿责任。雇主承担赔偿责任后，可以向第三人追偿。

雇员在从事雇佣活动中因安全生产事故遭受人身损害，发包人、分包人知道或者应当知道接受发包或者分包业务的雇主没有相应资质

或者安全生产条件的，应当与雇主承担连带赔偿责任。

属于《工伤保险条例》调整的劳动关系和工伤保险范围的，不适用本条规定。

工伤应到哪些医院进行治疗

【案例】

建筑工人荀某在施工中从高处滑落，造成右腿腓骨粉碎性骨折。在场的同事随即将其送往附近的一家医院治疗。同事为荀某申请了工伤认定，荀某要求在医院治疗的费用由公司支付。公司认为，那家医院没有与社保经办机构签订协议，因此治疗费用不能报销。请问，发生工伤事故以后应当到具有什么资质的医院进行治疗？

【法律解析】

发生工伤事故以后应当前往与社保机构签订服务协议的医疗机构就医。在情况紧急时，可以先到就近的医疗机构急救；如果工伤职工确需跨统筹地区就医的，须由医疗机构出具证明，并经经办机构同意。本案中，荀某发生工伤属于紧急情况，可以先到就近医疗机构进行急救，其费用可以由工伤保险基金支付。

【法条链接】

《工伤保险条例》第三十条 职工因工作遭受事故伤害或者患职业病进行治疗，享受工伤医疗待遇。

职工治疗工伤应当在签订服务协议的医疗机构就医，情况紧急时可以先到就近的医疗机构急救。

……

申报工伤必须在一定期限内进行吗

【案例】

2006年5月，某企业员工巫某发生工伤，做了伤残鉴定，但是当时并没有申报工伤，只是以普通受伤来治疗的。2008年4月，公司与巫某的劳动合同到期，公司决定不续签，于是巫某要求公司支付其工伤补贴。事过2年，巫某的工伤请求还能得到认可吗？

【法律解析】

不能得到认可。法律规定，用人单位申请工伤认定的，应当自伤害事故发生之日起或者被诊断、鉴定为职业病之日起30日内提出；劳动者本人或者其近亲属提出申请的，应当在劳动者受伤后1年内提出。过了上述时限再申报，劳动部门不会受理，劳动者无法享有工伤待遇。本案中，巫某提出工伤请求时已超过期限，因此不能得到认可。

【法条链接】

《工伤保险条例》第十七条 职工发生事故伤害或者按照职业病防治法规定被诊断、鉴定为职业病，所在单位应当自事故伤害发生之日或者被诊断、鉴定为职业病之日起30日内，向统筹地区社会保险行政部门提出工伤认定申请。遇有特殊情况，经报社会保险行政部门同意，申请时限可以适当延长。

用人单位未按前款规定提出工伤认定申请的，工伤职工或者其近亲属、工会组织在事故伤害发生之日或者被诊断、鉴定为职业病之日起1年内，可以直接向用人单位所在地统筹地区社会保险行政部门提出工伤认定申请。

……

伤残鉴定后伤势恶化怎么办

【案例】

某汽车修理厂工人焦某在电焊时眼睛被灼伤。经鉴定，认定为4级伤残。1年后，焦某觉得视力越发下降，什么都看不清楚，于是想向劳动能力鉴定委员会再次申请鉴定。已经有鉴定结论了，1年后还可以再次申请鉴定吗？

【法律解析】

可以依法再次申请鉴定。因为伤残鉴定后，有些职工的伤残或职业病状况会进一步发展。法律规定，工伤职工（或其亲属）、所在单位或者经办机构在劳动能力鉴定结论作出满1年后认为伤残情况发生变化的，可以申请进行劳动能力复查鉴定。

【法条链接】

《工伤保险条例》第二十八条 自劳动能力鉴定结论作出之日起1年后，工伤职工或者其近亲属、所在单位或者经办机构认为伤残情况发生变化的，可以申请劳动能力复查鉴定。

工伤保险费可以从员工的工资里扣吗

【案例】

段某与某公司签订了为期三年的劳动合同。双方约定：公司负责为段某办理工伤保险，保险费从段某每个月的工资中扣除。三年合同期满，公司决定不再与段某续约。段某要求公司支付给他这三年来相当于被公司所扣除的工伤保险的工资。公司以劳动合同有约为由拒绝。请问，工伤保险费可以从员工的工资中扣除吗？

【法律解析】

工伤保险费不能从员工的工资中扣除。工伤保险是为了化解用人单位工伤风险而设计的一种制度。我国相关法规规定，用人单位必须为员工上工伤保险，且保费应由用人单位缴纳。本案中，公司应返还所扣的段某用于工伤保险的工资。

【法条链接】

《工伤保险条例》第十条 用人单位应当按时缴纳工伤保险费。职工个人不缴纳工伤保险费。

用人单位缴纳工伤保险费的数额为本单位职工工资总额乘以单位缴费费率之积。

……

单位没有为职工上工伤保险，发生工伤事故怎么办

【案例】

隗某在一家公司工作，双方没有签订劳动合同，公司也没有为他上工伤保险。2005年7月5日晚，隗某在加班时受伤。医院诊断为多发性骨折。2006年1月29日，当地劳动能力鉴定委员会评定他为九级伤残。但因公司没有为他上工伤保险，请问该怎么办？

【法律解析】

　　隗某所在公司应当按法律规定，支付相关费用。法律规定，应当参加工伤保险而未参加工伤保险的用人单位职工发生工伤的，由该用人单位按照本条例规定的工伤保险待遇项目和标准支付费用。

【法条链接】

　　《工伤保险条例》第六十二条　用人单位依照本条例规定应当参加工伤保险而未参加的，由社会保险行政部门责令限期参加，补缴应当缴纳的工伤保险费，并自欠缴之日起，按日加收万分之五的滞纳金；逾期仍不缴纳的，处欠缴数额1倍以上3倍以下的罚款。

　　依照本条例规定应当参加工伤保险而未参加工伤保险的用人单位职工发生工伤的，由该用人单位按照本条例规定的工伤保险待遇项目和标准支付费用。

　　用人单位参加工伤保险并补缴应当缴纳的工伤保险费、滞纳金后，由工伤保险基金和用人单位依照本条例的规定支付新发生的费用。

门诊病历是否能作为认定工伤的证据

【案例】

　　一次，搬运工小陆在装卸货物时，被从高处滚落的货物砸伤。入院诊断并开具了病历。他向公司申请工伤待遇，未果。公司称，小陆仍能正常工作，并未受伤，仅凭诊断病历不能认定为工伤。请问，门诊病历能否作为认定工伤的证据？

【法律解析】

　　门诊病历不能作为认定工伤的证据。本案中，小陆出具的门诊病历并不是法律所规定的"医疗诊断证明"，它只能证明小陆当天到医院就诊的事实，而不能成为劳动保障部门认定工伤的依据。"医疗诊断证明"应当由签订服务协议的医疗机构出具，并且应当详细说明事故的伤害情况，以及与工伤事故

门诊病历不能作为认定工伤的证据

的关系等情况。

【法条链接】

《工伤保险条例》第十八条 提出工伤认定申请应当提交下列材料：

（一）工伤认定申请表；

（二）与用人单位存在劳动关系（包括事实劳动关系）的证明材料；

（三）医疗诊断证明或者职业病诊断证明书（或者职业病诊断鉴定书）。

工伤认定申请表应当包括事故发生的时间、地点、原因以及职工伤害程度等基本情况。

工伤认定申请人提供材料不完整的，社会保险行政部门应当一次性书面告知工伤认定申请人需要补正的全部材料。申请人按照书面告知要求补正材料后，社会保险行政部门应当受理。

县劳动局有权作出工伤认定吗

【案例】

荣某是某县啤酒厂的职工。2008年12月，他在上班的途中发生了交通事故，经医院确诊左腿骨折。2009年1月，荣某向县劳动局申请工伤认定。2009年2月，县劳动局作出工伤认定书。啤酒厂认为，县劳动局无权作出工伤认定，要求撤销该认定。请问，县劳动局有权作出工伤认定吗?

【法律解析】

县劳动局无权作出工伤认定。工伤保险基金在直辖市和设区的市实行全市统筹，县劳动局作出的工伤认定属于超越职权，应当撤销后移交所属的市劳动保障行政部门进行认定。

【法条链接】

《工伤保险条例》第十七条 职工发生事故伤害或者按照职业病防治法规定被诊断、鉴定为职业病，所在单位应当自事故伤害发生之日或者被诊断、鉴定为职业病之日起30日内，向统筹地区社会保险行政部门提出工伤认定申请。遇有特殊情况，经报社会保险行政部门同意，申请时限可以适当延长。

用人单位未按前款规定提出工伤认定申请的，工伤职工或者其近亲属、工会组织在事故伤害发生之日或者被诊断、鉴定为职业病之日起1年内，可以直接向用人单位所在地统筹地区社会保险行政部门提出工伤认定申请。

按照本条第一款规定应当由省级社会保险行政部门进行工伤认定的事项，根据属地原则由用人单位所在地的设区的市级社会保险行政部门办理。

用人单位未在本条第一款规定的时限内提交工伤认定申请，在此期间发生符合本条例规定的工伤待遇等有关费用由该用人单位负担。

人身损害赔偿

6岁男孩自己摔伤，责任由谁承担

【案例】

班某在自家的后院挖了一个菜窖，尚未封口。这天，邻居汪某家6岁的儿子小刚找班某的儿子玩耍。嬉戏中，小刚不小心跌入菜窖，造成左胳膊骨折。汪某向班某追讨医疗费，但班某认为小刚的摔伤是自己不小心所致，拒绝赔偿。而汪某则认为菜窖未封口，又无安全措施，与儿子的摔伤有直接关系。那么，此案中的责任该由谁来承担呢？

【法律解析】

由双方当事人共同分担民事责任。本案中，班某是在自家封闭的后院墙内挖菜窖，其施工地点没有设置明显标志和采取安全措施的义务，考虑到小刚摔伤的事实，班某需承担部分责任。小刚是幼童，属于无民事行为能力人，无所谓法律上的过错问题，因其监护人未尽到监护的责任导致损害的发生。因此，小刚摔伤的责任应该由两家共同分担。

【法条链接】

《民法通则》第一百三十二条 当事人对造成损害都没有过错的，可以根据实际情况，由当事人分担民事责任。

因顾客碰撞服务员烫伤人，餐馆无须负责吗

【案例】

郭小姐在一家餐馆用餐时，被一盆热水洒了一身。原来，有几个顾客发生了争执，其中一名男子正好碰到了端着开水的服务员。那么，因顾客碰撞服务员而导致烫伤人，餐馆需要负责吗？

【法律解析】

　　餐馆无须负责，责任应由碰撞服务员的顾客担负。餐馆对前来消费的客人有保障其人身及财产安全的义务，但这种义务应限定于一定的合理范围内。本案中，餐馆的服务人员不是故意烫伤郭小姐，也不存在任何过失，而是因为他人的碰撞导致顾客被烫伤，而且顾客间发生争执这一事件不在餐馆可控的范围内，因此餐馆无须负责。

【法条链接】

　　《人身损害赔偿解释》第六条 从事住宿、餐饮、娱乐等经营活动或者其他社会活动的自然人、法人、其他组织，未尽合理限度范围内的安全保障义务致使他人遭受人身损害，赔偿权利人请求其承担相应赔偿责任的，人民法院应予支持。

　　因第三人侵权导致损害结果发生的，由实施侵权行为的第三人承担赔偿责任。安全保障义务人有过错的，应当在其能够防止或者制止损害的范围内承担相应的补充赔偿责任。安全保障义务人承担责任后，可以向第三人追偿。赔偿权利人起诉安全保障义务人的，应当将第三人作为共同被告，但第三人不能确定的除外。

撞上宾馆的玻璃门受伤，赔门还是赔人

【案例】

　　一日，万某到一家宾馆办事。办完事后，万某向外走时，一头撞在玻璃门上。原来该门是用透明玻璃制做的。万某入院后缝了4针，后来要求宾馆赔偿医药费。该宾馆认为万某自己撞上门，拒绝赔偿，并要求万某赔偿宾馆价值600元的玻璃门。那么，究竟是该万某赔偿宾馆损失，还是宾馆赔偿万某的损失呢？

【法律解析】

　　该宾馆必须对万某承担赔偿责任，但可以适当减轻宾馆的赔偿责任。本案中，万某头部被撞破与宾馆门的设计不科学有直接关系，再加上宾馆没有尽到必要的提醒注意义务，宾馆应承担赔偿责任。同时，由于万某自身也存在一定过错，宾馆责任可以适当减轻。

【法条链接】

《人身损害赔偿解释》第六条第一款 从事住宿、餐饮、娱乐等经营活动或者其他社会活动的自然人、法人、其他组织，未尽合理限度范围内的安全保障义务致使他人遭受人身损害，赔偿权利人请求其承担相应赔偿责任的，人民法院应予支持。

事故导致胎死腹中，可否提出精神损害赔偿的请求

【案例】

2008年9月某日，仇某与丈夫在人行道上散步，被一辆小轿车撞倒，七个多月的胎儿死于腹中。交警部门认定，肇事车主马某承担全部责任。在处理赔偿事宜时，马某只同意赔偿医药费、误工费等直接经济损失。那么，仇某夫妇在起诉时，可否提出精神损害赔偿的请求？

【法律解析】

仇某夫妇可以提出精神损害赔偿的请求。肇事车主马某违章驾车，给仇某的身体健康造成损害，并侵害了仇某夫妇所享有的生育权，使仇某夫妇在精神上遭受了极大的痛苦。因此，马某应当对自己的侵权行为承担全部责任，包括精神损害赔偿责任。

【法条链接】

《精神损害赔偿解释》第一条 自然人因下列人格权利遭受非法侵害，向人民法院起诉请求赔偿精神损害的，人民法院应当依法予以受理：

（一）生命权、健康权、身体权；

（二）姓名权、肖像权、名誉权、荣誉权；

（三）人格尊严权、人身自由权。

违反社会公共利益、社会公德侵害他人隐私或者其他人格利益，受害人以侵权为由向人民法院起诉请求赔偿精神损害的，人民法院应当依法予以受理。

安全保障有漏洞，经营者应该负责吗

【案例】

2008年7月的一天，陈某与同学到某风景区度假。景区当天进行停业整修，但未张贴停业告示。陈某一行便径直进入景区游玩。在半山腰时，陈某踩

空，跌倒在一张破损的护网上，摔下山去，导致全身多处骨折。事后，景区以当天歇业、陈某等人未买门票私自闯入等为由拒绝赔偿。那么，景区需要负责赔偿吗？

【法律解析】

景区应该负责赔偿。法律规定，从事经营活动的组织，未尽安全保障义务致使他人受到伤害的，应承担相应赔偿责任。景区未修复破损护网，有其过错，应负主要责任。

【法条链接】

《人身损害赔偿解释》第六条　从事住宿、餐饮、娱乐等经营活动或者其他社会活动的自然人、法人、其他组织，未尽合理限度范围内的安全保障义务致使他人遭受人身损害，赔偿权利人请求其承担相应赔偿责任的，人民法院应予支持。

因第三人侵权导致损害结果发生的，由实施侵权行为的第三人承担赔偿责任。安全保障义务人有过错的，应当在其能够防止或者制止损害的范围内承担相应的补充赔偿责任。安全保障义务人承担责任后，可以向第三人追偿。赔偿权利人起诉安全保障义务人的，应当将第三人作为共同被告，但第三人不能确定的除外。

诉讼篇

教你怎样打官司

民事诉讼

哪些法院对赡养案件有管辖权

【案例】

李大妈有两个子女。两个子女都不愿意支付赡养费用，也不愿意把老人接到家里照顾。老人通过居委会跟两个子女就赡养费用和陪护费用协商过几

次，但是两个子女都互相推诿。无奈之下，老人想去法院起诉两个子女。但是，老人的两个子女分别居住在本市不同的辖区，老人不知该向哪个法院提起诉讼。

【法律解析】

一般来说，对公民提起的民事诉讼，应该由被告住所地人民法院管辖。同一诉讼有多个被告的，几个被告住所地或经常居住地的人民法院都有管辖权。但鉴于赡养案件的原告多为年老群众，行动不便，让其到被告住所地起诉有些困难。根据《民诉解释》第九条的规定，追索赡养费、抚育费、扶养费案件的几个被告住所地不在同一辖区的，可以由原告住所地人民法院管辖，老人可以选择在自己住所地法院提起诉讼，也可以选择两个子女住所地的其中一个法院提起诉讼。

【法条链接】

《民诉解释》第九条 追索赡养费、抚育费、扶养费案件的几个被告住所地不在同一辖区的，可以由原告住所地人民法院管辖。

被告不是本地人，到哪个法院起诉

【案例】

住在A市的张某到B市出差，遇到大学同学范某，范某向张某借钱1万元，后来张某回到A市。半年后，两人就还款问题产生纠纷，张某决定起诉范某。但是，两人不在同一个城市，张某不知道要向哪个法院提起诉讼？

【法律解析】

　　我国在民事诉讼管辖中，一般适用"原告就被告"原则，即被告在哪个法院辖区，原告就到哪个法院起诉，案件就归被告所在地管辖。此处所说的当事人的所在地，不仅指户口所在地，也包括经常居住地。本案中，张某应到范某所在地法院提起诉讼，这样做有利于查清案件事实，及时准确地作出裁判，也有利于双方当事人出庭应诉。

【法条链接】

　　《民事诉讼法》第二十一条　对公民提起的民事诉讼，由被告住所地人民法院管辖；被告住所地与经常居住地不一致的，由经常居住地人民法院管辖。

　　对法人或者其他组织提起的民事诉讼，由被告住所地人民法院管辖。

　　同一诉讼的几个被告住所地、经常居住地在两个以上人民法院辖区的，各该人民法院都有管辖权。

合同纠纷应该到哪个法院起诉

【案例】

　　周某毕业后留在北京工作，单位为其办理了北京户口。一年春节，周某返回江西老家，与一家化工厂签订了协议，约定周某今后两年担任该厂的经济顾问，该厂付给周某报酬，工作方式为随时通过电话联系提供服务。不久，周某回到北京，却不想履行合同义务了。该化工厂决定提起诉讼，但应该向北京的法院提起诉讼，还是向本地的法院提起诉讼呢？

【法律解析】

　　该化工厂应该向北京的法院提起诉讼。对于因合同纠纷提起的诉讼，应该由被告住所地或合同履行地人民法院管辖。本案中，周某与化工厂的合同没有实际履行，因此不能由合同履行地人民法院管辖，应该由被告住所地人民法院管辖。我国法律规定公民的住所地是公民的户籍所在地，周某的户口已经迁到北京，故化工厂应该到北京的法院起诉。

【法条链接】

　　《民事诉讼法》第二十三条　因合同纠纷提起的诉讼，由被告住所地或者合同履行地人民法院管辖。

合同约定的选择管辖是否有效

【案例】

　　某电脑销售公司主营笔记本销售。2009年7月，外地某公司向电脑销售公司购买了10台笔记本电脑。合同中约定电脑送到以后7日内支付货款，并约定如果一方违约，对方可以在自己住所地或者合同签订地法院提起诉讼。但是，此外地公司没有按期限支付电脑货款，电脑销售公司能否根据合同约定在自己的住所地法院提起诉讼？

【法律解析】

　　合同的双方当事人可以在书面合同中协议选择被告住所地、合同履行地、合同签订地、原告住所地、标的物所在地人民法院管辖，但只能选择其中一个法院管辖。案例中，由于电脑销售公司与外地公司的合同约定不明确，因此选择管辖的协议无效。电脑销售公司只能向被告所在地或者合同履行地法院提起民事诉讼。

【法条链接】

　　《民诉解释》第三十条　根据管辖协议，起诉时能够确定管辖法院的，从其约定；不能确定的，依照民事诉讼法的相关规定确定管辖。

　　管辖协议约定两个以上与争议有实际联系的地点的人民法院管辖，原告可以向其中一个人民法院起诉。

受诉法院移送管辖是否合理

【案例】

　　2008年10月，于某的一个朋友周某向于某借了5万元，借条上约定的还款日期是2009年10月5日。还款日期到了，于某几经催要，周某都没有按时归还。于是于某到周某住所地法院提起民事诉讼，要求其归还借款。周某住所地法院受理案件以后，周某把户籍迁至本市的另外一个区，并向受诉法院提起管辖权异议。受诉法院于是便把案件

移送给了周某现在户籍所在地的法院。那么，受诉法院的做法合理吗？

【法律解析】

受诉法院的做法不合理。这属于民事诉讼中的管辖恒定原则，案件受理以后，被告的住所地变更并不影响受诉法院的管辖权。有管辖权的人民法院受理案件以后，不得以行政区域变更为由，将案件移送给变更后有管辖权的人民法院。

【法条链接】

《民诉解释》第三十七条 案件受理后，受诉人民法院的管辖权不受当事人住所地、经常居住地变更的影响。

在向法院提起诉讼后，还可以撤诉吗

【案例】

李大爷的两个儿子在李大爷去世之后，由于遗产问题发生纠纷，大儿子将二儿子告上法庭。后来，在乡邻的劝解和调和下，两人决定不再对簿公堂，经协商达成协议。现在事情已经解决，李大爷的大儿子可以提出撤诉吗？

【法律解析】

李大爷的大儿子可以提出撤诉。民事诉讼主体在民事诉讼中享有自行和解权。民事诉讼和解，是指双方当事人在民事审判程序和民事执行程序中自行协助、达成协议、较为平和地解决纠纷的权利。本案中，李大爷的两个儿子在乡亲的调解下达成协议，很平和地解决了矛盾，当然可以撤诉。

【法条链接】

《民事诉讼法》第五十条 双方当事人可以自行和解。

第五十一条 原告可以放弃或者变更诉讼请求。被告可以承认或者反驳诉讼请求，有权提起反诉。

什么是有独立请求权的第三人

【案例】

谭某去世以后，其子谭甲与谭乙就遗产分割问题发生纠纷，谭甲认为谭乙多占了财产，请求重新分割。诉讼过程中，其在外地的妹妹谭丙赶回家中，认为母亲的遗产应该有自己的一份。那么，谭丙可以参加她的两个哥哥之间的

诉讼吗？如果能参加，应以什么身份参加呢？

【法律解析】

谭丙可以参加到诉讼中来，她的身份是有独立请求权的第三人。有独立请求权的第三人是指对原、被告争议的诉讼标的认为有独立的请求权，因而起诉参加到已经开始的诉讼中来的人。本案中，谭丙认为两个哥哥争财产而将她排除在外，侵害了她的继承权，因此而参加到诉讼中来，其诉讼地位是有独立请求权的第三人。

【法条链接】

《民事诉讼法》第五十六条 对当事人双方的诉讼标的，第三人认为有独立请求权的，有权提起诉讼。

对当事人双方的诉讼标的，第三人虽然没有独立请求权，但案件处理结果同他有法律上的利害关系的，可以申请参加诉讼，或者由人民法院通知他参加诉讼。人民法院判决承担民事责任的第三人，有当事人的诉讼权利义务。

……

儿童也能当原告吗

【案例】

2009年5月25日，在某幼儿园读中班的5岁男孩巍巍吃完饭后，在床上嬉闹。幼儿园老师韩某觉得心烦，便冲到床前打了孩子，结果孩子磕到了床板上，满嘴是血，放声大哭。孩子的哭声引来了其他老师，老师们将孩子送到医院，经检查，孩子受伤比较严重，治疗期达半年之久。孩子的父亲赵某将韩某告上法庭。巍巍的父亲可以代替孩子维权吗？巍巍是原告吗？

【法律解析】

巍巍的父亲是巍巍的法定诉讼代理人，可以代替巍巍行使诉讼权利，但本案的原告应是巍巍。法定的诉讼代理人，是指依照法律规定代理无诉讼行为能力的当事人进行民事诉讼的人。无诉讼行为能力人由他的监护人作为法定代表人代为诉讼。本案中，巍巍是未成年人，其人身权受到侵害，但是没有参与诉讼的能力。巍巍的父亲赵某是法定的诉讼代理人，可以代巍巍提起诉讼，但他在诉讼中的地位是法定代理人，而非原告。

【法条链接】

《民事诉讼法》第五十七条　无诉讼行为能力人由他的监护人作为法定代理人代为诉讼。法定代理人之间互相推诿代理责任的，由人民法院指定其中一人代为诉讼。

《民诉解释》第八十三条　在诉讼中，无民事行为能力人、限制民事行为能力人的监护人是他的法定代理人。事先没有确定监护人的，可以由有监护资格的人协商确定；协商不成的，由人民法院在他们之中指定诉讼中的法定代理人。当事人没有民法通则第十六条第一款、第二款或者第十七条第一款规定的监护人的，可以指定该法第十六条第四款或者第十七条第三款规定的有关组织担任诉讼中的法定代理人。

"全权代理"都代为行使哪些权利

【案例】

黄某是一位小学教师。一天，黄某骑着自行车回家，在十字路口被一辆闯红灯的汽车撞成重伤，被送到医院以后，经抢救脱离了生命危险。黄某要求肇事司机作出赔偿，遭到拒绝。黄某于是向法院提起侵权诉讼。但是，重伤的黄某不能参与庭审，黄某便委托律师邹某全权代理此案。那么，"全权代理"究竟都代为行使哪些权利呢？

【法律解析】

当事人向人民法院提交的授权委托书，应在开庭审理前送交人民法院。"全权代理"不是一种全面的授权，而是一种限制授权。本案中，黄某委托律师代理进行本案的诉

讼，应该是希望代理律师可以不必事事请示黄某，而较为独立地处理此案。那么，黄某应该将授权的范围确定清楚，而不是笼统地授权，否则，代理律师得不到相应的授权。

【法条链接】

《民诉解释》第八十九条第一款 当事人向人民法院提交的授权委托书，应当在开庭审理前送交人民法院。授权委托书仅写"全权代理"而无具体授权的，诉讼代理人无权代为承认、放弃、变更诉讼请求，进行和解，提出反诉或者提起上诉。

在自家偷录的录音材料能否作为证据

【案例】

张某和妻子何某由于感情不和决定离婚。结婚期间张某做生意赚了8万多元，当时由何某保管，现在张某要求分割，但是何某对保管的钱矢口否认。此事没有别人可以作证，但是离婚前几天张某和何某曾经谈到过此事，当时张某悄悄录了音。那么，如果张某起诉离婚，该录音能否作为证据？

【法律解析】

以侵害他人合法权益或者违反法律禁止性规定的方法取得的证据，不能作为认定案件事实的依据。对于有其他证据佐证并以合法手段取得的、无疑点的视听资料或者与视听资料核对无误的复制件；对方当事人提出异议但没有足以反驳的相反证据的，人民法院应当确认其证明力。张某将谈话进行录音，并没有侵犯他人合法权益和隐私，其手段也不违反法律禁止性规定。如果何某没有证据足以反驳，法院完全可以将此录音作为认定确有共同存款的证据。

【法条链接】

《关于民事诉讼证据的若干规定》第六十八条 以侵害他人合法权益或者违反法律禁止性规定的方法取得的证据，不能作为认定案件事实的依据。

什么是证据保全

【案例】

一天，小马和小林到一家店里买饰品，售货员由于怀疑小马偷书而对其进行盘查，进而要求小马打开包接受检查。当时店里人很多，售货员此举令很多人围观，小马和小林两人觉得十分尴尬，感觉受到了极大的侮辱。小马于是以侵害名誉权为由向法院提起诉讼。本案中，小林始终在场，是一个很关键的旁观证人。但是，小林由于突发心脏病生命垂危，作为证人证言的证据即将灭失，小马该怎么办？

【法律解析】

　　小马应当向法院申请证据保全。证据保全，是指在证据可能灭失或者以后难以取得的情况下，人民法院根据诉讼参加人的请求或者依职权采取措施对证据加以固定和保护的行为。证据保全根据证据的不同采用不同形式，对于证人证言的保全，可用笔录或录音的方法。证据保全的材料，由人民法院存卷保管。本案中，小林作为很关键的旁观证人，生命垂危，如果小林去世，小林的言词证据就会灭失，这对小马是不利的。因此，为了保有这份证据，小马应该立即向法院申请证据保全，将小林的证词证言记录下来，以便案件审理过程中可以起到证据的作用。

【法条链接】

　　《民事诉讼法》第八十一条第一款　在证据可能灭失或者以后难以取得的情况下，当事人可以在诉讼过程中向人民法院申请保全证据，人民法院也可以主动采取保全措施。

在民事诉讼中，哪一方当事人有责任提供证据

【案例】

　　邓某和几个朋友到一家小餐馆吃饭，第二天大家均出现了上吐下泻的症状。邓某与餐馆负责人交涉，没有结果。邓某等人随即到医院诊治，并到卫生防疫部门作了检测。检测结果发现餐馆的厨师体内带菌，致使部分菜肴被污染，从而使食用过的人食物中毒。得到了证据，邓某等人就向法院提起诉讼。那么，在民事诉讼中，提起诉讼一方需要承担举证责任吗？

【法律解析】

民事诉讼中，实施"谁主张，谁举证"的证明责任，由起诉方的当事人对其主张的事实提供证据并予以证明。如果诉讼终结时根据全案证据仍不能判明当事人主张的事实真伪，则由该当事人承担不利的诉讼后果。本案中，邓某等人以小餐馆侵犯了邓某等人的健康权为由，向法院提起诉讼。因此，应该由邓某等人承担举证责任。

【法条链接】

《民事诉讼法》第六十四条 当事人对自己提出的主张，有责任提供证据。

当事人及其诉讼代理人因客观原因不能自行收集的证据，或者人民法院认为审理案件需要的证据，人民法院应当调查收集。

人民法院应当按照法定程序，全面地、客观地审查核实证据。

离婚时，妻子可以查询丈夫的存款吗

【案例】

马某与丈夫结婚多年，近几年常为家庭琐事争吵，感情已经破裂。马某想离婚，但是因为丈夫掌握家中收入，存款都以他的名字开户，马某想查清丈夫名下有多少存款。那么，马某能以妻子的身份到银行查询丈夫的存款吗？如果不能，马某该怎么办？

【法律解析】

根据《储蓄管理条例》第三十二条的规定，储蓄机构及其工作人员对储户的储蓄情况负有保密责任。储蓄机构不代任何单位和个人查询、冻结或者划拨储蓄存款，国家法律、行政法规另有规定的除外。因此，如果马某向银行要求查询丈夫名下的存款，银行可以拒绝。但是，如果马某向法院提起离婚诉讼，根据《民事诉讼法》的规定，当事人及其诉讼代理人因客观原因不能自行收集的证据，或者人民法院认为审理案件需要的证据，人民法院应当调查收集。所以马某可以申请法院对丈夫的存款进行调查。

【法条链接】

《储蓄管理条例》第三十二条 储蓄机构及其工作人员对储户的储蓄情况负有保密责任。

储蓄机构不代任何单位和个人查询、冻结或者划拨储蓄存款，国家法律、行政法规另有规定的除外。

《民事诉讼法》第六十四条　当事人对自己提出的主张，有责任提供证据。

当事人及其诉讼代理人因客观原因不能自行收集的证据，或者人民法院认为审理案件需要的证据，人民法院应当调查收集。

人民法院应当按照法定程序，全面地、客观地审查核实证据。

法院拘传应符合哪些条件

【案例】

2009年5月，赵某的妻子向法院提出离婚诉讼。赵某因为不愿意离婚，就没有按照法院通知的开庭日期出庭。后来，法院先后给赵某送过两次传票通知赵某出庭，赵某都没有去法院。后来，法院告之赵某如果其再不出庭，法院将拘传赵某强制到庭参加诉讼。那么，法院拘传应符合哪些条件？

【法律解析】

拘传，是指人民法院在法定情况下强制被告到庭的一种强制措施。根据《民事诉讼法》第一百零九条的规定，人民法院对必须到庭的被告，经两次传票传唤，无正当理由拒不到庭的，可以拘传。这包含三层意思：（一）适用对象是必须到庭的被告。一般来说，离婚案件的当事人须出庭参加诉讼。（二）已经两次传票传唤。（三）无正当理由拒不到庭。本案中，赵某作为离婚案件必须到庭的被告，经两次传票传唤无正当理由拒不到庭，符合拘传条件。

适用拘传，由合议庭或独任审判员提出意见，报经院长批准，并且填写拘传票，直接送达被拘传人，由被拘传人签字或者盖章。在拘传之前，应该向被拘传人说明拒不到庭的后果，经过批评教育后仍然拒不到庭的方可拘传其到庭。

【法条链接】

《民事诉讼法》第一百零九条 人民法院对必须到庭的被告，经两次传票传唤，无正当理由拒不到庭的，可以拘传。

哪些案件可以请求法院先予执行

【案例】

2009年9月，蔡某的父亲被一辆汽车撞伤。肇事车主为酒后驾车，负交通事故的全部责任。蔡某的父亲受伤以后住院治疗，而肇事车主迟迟不支付医疗费用。蔡某家在付了3万元的医疗费用以后，由于经济困难没有能力再负担后续的医疗费用，现已将肇事车主起诉至法院。那么，在诉讼过程中能否请求法院先予执行？

【法律解析】

可以申请先予执行。《民事诉讼法》第一百零六条规定了人民法院根据当事人的申请，可以裁定先予执行的几种情形，本案中，由于蔡某父亲住院治疗急需医疗费用，符合法律规定的情形，可以申请先予执行。

【法条链接】

《民事诉讼法》第一百零六条 人民法院对下列案件，根据当事人的申请，可以裁定先予执行：

（一）追索赡养费、扶养费、抚育费、抚恤金、医疗费用的；

（二）追索劳动报酬的；

（三）因情况紧急需要先予执行的。

第一百零七条 人民法院裁定先予执行的，应当符合下列条件：

（一）当事人之间权利义务关系明确，不先予执行将严重影响申请人的生活或者生产经营的；

（二）被申请人有履行能力。

人民法院可以责令申请人提供担保，申请人不提供担保的，驳回申请。申请人败诉的，应当赔偿被申请人因先予执行遭受的财产损失。

能够由他人代为提起民事诉讼吗

【案例】

赵某和李某因做生意产生纠纷，赵某失手将李某打伤。李某为人老实，不敢找赵某索要医药费。李某的好友高某知道此事后，非常气愤，想要向法院提起诉讼，要求赵某赔偿医药费等。那么，在这件事情上，高某有权利状告赵某吗？

【法律解析】

根据《民事诉讼法》第一百一十九条的规定，原告是与本案有直接利害关系的公民、法人和其他组织。本案中，赵某打伤李某，这是李某与赵某之间的侵权纠纷，与高某没有关系。因此，即使要提起诉讼，也必须由李某自己提出，因为李某才是与本案有关系的人。

【法条链接】

《民事诉讼法》第一百一十九条　起诉必须符合下列条件：

（一）原告是与本案有直接利害关系的公民、法人和其他组织；

（二）有明确的被告；

（三）有具体的诉讼请求和事实、理由；

（四）属于人民法院受理民事诉讼的范围和受诉人民法院管辖。

可以口头起诉吗

【案例】

牛大爷现已八十岁高龄，妻子很早就去世了。牛大爷独自将两个儿子抚养成人，两个儿子却不履行赡养老人的义务，牛大爷生活非常艰难，于是决定去法院状告儿子。但是牛大爷不识字，不会写起诉书，也没有钱委托律师代写。那么，牛大爷可以口头起诉吗？

【法律解析】

一般情况下，起诉采取书面形式，将起诉的缘由、被起诉人、诉讼请求等内容叙述清楚，但如果当事人书写起诉状确有困难的，也可以口头起诉。本案中，牛大爷不识字，也没有钱请律师代理，不太可能采用书面起诉的方式。因此，牛大爷可以口头起诉，起诉的内容由人民法院记入笔录，然后通知对方当事人应诉。

【法条链接】

《民事诉讼法》第一百二十条　起诉应当向人民法院递交起诉状，并按照被告人数提出副本。

书写起诉状确有困难的，可以口头起诉，由人民法院记入笔录，并告知对方当事人。

民事上诉状能否直接交到二审法院

【案例】

2009年8月5日，杨某接到一审法院的民事判决，对判决不服，3天后便向中级人民法院提起上诉。中院二审立案庭受理了杨某的上诉状和材料，让杨某交了诉讼费用。1个多月过去了，杨某还没有收到中院的传票，于是想直接把上诉状送到中院。那么，这样做具有法律效力吗？

【法律解析】

根据《民事诉讼法》第一百六十六条的规定，上诉状应当通过原审人民法院提出，并按照对方当事人或者代表人的人数提出副本。当事人直接向第二审人民法院上诉的，第二审人民法院应当在5日内将上诉状移交原审人民法院。

根据本法第一百六十七条的规定，原审人民法院收到上诉状，应当在5日内将上诉状副本送达对方当事人，对方当事人在收到之日起15日内提出答辩状。人民法院应当在收到答辩状之日起5日内将副本送达上诉人。对方当事人不提出答辩状的，不影响人民法院审理。原审人民法院收到上诉状、答辩状，应当在5日内连同全部案卷和证据，报送第二审人民法院。

民事案件二审审理期限一般为3个月。因此，本案例中，二审法院已经受理杨某的上诉，杨某不必过于焦急，其可直接把上诉状送到中院，中院会在5日内将其上诉状移交一审人民法院。

【法条链接】

《民事诉讼法》第一百六十六条 上诉状应当通过原审人民法院提出，并按照对方当事人或者代表人的人数提出副本。

当事人直接向第二审人民法院上诉的，第二审人民法院应当在五日内将上诉状移交原审人民法院。

第一百六十七条 原审人民法院收到上诉状，应当在五日内将上诉状副本送达对方当事人，对方当事人在收到之日起十五日内提出答辩状。人民法院应当在收到答辩状之日起五日内将副本送达上诉人。对方当事人不提出答辩状的，不影响人民法院审理。

原审人民法院收到上诉状、答辩状，应当在五日内连同全部案卷和证据，报送第二审人民法院。

刑事诉讼

法官有权拒绝被害人向被告人发问吗

【案例】

2009年4月10日，某县基层法院开庭审理。张某作为一起故意伤害案件的被害人到庭参加审理。庭审中，公诉人向被告人发问之后，张某要求向被告人发问，但是审判长说："你就不要问了。"张某的代理人也要求向被告人发问，审判长却说："公诉人代表你们的利益，已经问清楚了，你们就不用问了。"那么，法官有权拒绝被害人向被告人发问吗？

【法律解析】

向被告人发问，是被害人及其诉讼代理人的一项诉讼权利。根据《中华人民共和国刑事诉讼法》（以下简称《刑事诉讼法》）第一百九十一条的规定，公诉人在法庭上宣读起诉书后，被告人、被害人可以就起诉书指控的犯罪进行陈述，公诉人可以讯问被告人。被害人、附带民事诉讼的原告人和辩护人、诉讼代理人，经审判长许可，可以向被告人发问。审判人员可以讯问被告人。虽然《刑事诉讼法》规定向被告人发问的权利能否行使须经审判长许可，但是审判长在审判过程中应当秉公执法，切实维护诉讼参与人的诉讼权利，如果不允许被害人及其诉讼代理人向被告人发问，应当尽可能说明理由，不能一味武断拒绝。

【法条链接】

《刑事诉讼法》第一百九十一条　公诉人在法庭上宣读起诉书后，被告人、被害人可以就起诉书指控的犯罪进行陈述，公诉人可以讯问被告人。

被害人、附带民事诉讼的原告人和辩护人、诉讼代理人，经审判长许可，可以向被告人发问。

审判人员可以讯问被告人。

被告人一次最多可以委托多少位辩护人

【案例】

章某是一家贸易公司的总经理。一天，章某发现自己的秘书潘某竟窃取公司的机密客户资料卖给对手公司，一怒之下，将潘某暴打一顿，致使潘某重伤。此案经法院受理以后，双方准备应诉。章某认为，律师应是多多益善，于是决定聘请律师组建一个律师团，为自己辩护。那么，一名被告人最多可以委托多少位辩护人呢？

【法律解析】

根据《最高人民法院关于适用〈中华人民共和国刑事诉讼法〉的解释》（以下简称《刑事诉讼法解释》）第三十八条的规定，一名被告人可以委托一至二人作为辩护人。本案中，章某寄希望于聘请更多的律师来为自己辩护，愿望是好的，但这是违反法律的。按照法律规定，章某最多只能委托两名辩护律师。

【法条链接】

《刑事诉讼法解释》第三十八条　一名被告人可以委托一至二人作为辩护人。一名辩护人不得为两名以上的同案被告人，或者未同案处理但犯罪事实存在关联的被告人辩护。

没钱请律师，当事人只能自行辩护吗

【案例】

犯罪嫌疑人房某因故意杀人罪被人民检察院依法提起公诉。案件移交到法院后，由于家境贫困，房某及家人迟迟没有聘请律师参与诉讼。而且房某家人认为，房某犯的是故意杀人罪，有可能会判死刑，救与不救没什么意义，也就不必请律师了。此时的房某只能自己为自己辩护了吗？

【法律解析】

犯罪嫌疑人、被告人通常对法律了解不多，需要借助专业人士的力量来维护自己的合法权益。

根据《刑事诉讼法》《刑事诉讼法解释》的相关规定，被告人确无经济来源，其家属经多次劝说仍不愿为其承担辩护律师费用的，人民法院可以为其指定辩护人。被告人可以选择自行辩护，法院也应该为其指定辩护律师。

【法条链接】

《刑事诉讼法》第三十五条 犯罪嫌疑人、被告人因经济困难或者其他原因没有委托辩护人的，本人及其近亲属可以向法律援助机构提出申请。对符合法律援助条件的，法律援助机构应当指派律师为其提供辩护。

犯罪嫌疑人、被告人是盲、聋、哑人，或者是尚未完全丧失辨认或者控制自己行为能力的精神病人，没有委托辩护人的，人民法院、人民检察院和公安机关应当通知法律援助机构指派律师为其提供辩护。

犯罪嫌疑人、被告人可能被判处无期徒刑、死刑，没有委托辩护人的，人民法院、人民检察院和公安机关应当通知法律援助机构指派律师为其提供辩护。

《刑事诉讼法解释》第三十九条 被告人没有委托辩护人的，人民法院自受理案件之日起三日内，应当告知其有权委托辩护人；被告人因经济困难或者其他原因没有委托辩护人的，应当告知其可以申请法律援助；被告人属于应当提供法律援助情形的，应当告知其将依法通知法律援助机构指派律师为其提供辩护。告知可以采取口头或者书面方式。

犯罪嫌疑人可以自行辩护吗

【案例】

2009年11月，张某与郝某因借贷纠纷产生矛盾，张某一气之下，用椅子将郝某打伤。经医院检查，郝某第一腰椎横突骨折。此案经公安机关审查终结之后，人民检察院批准逮捕张某并向人民法院提起了公诉。张某与郝某家境都比较贫困，请不起律师，两人可以自行辩护吗？

【法律解析】

法律赋予公民平等的辩护权，刑事犯罪案件中的犯罪嫌疑人可以自行辩护。但在司法实践中，刑事案件的审理过程较为复杂，对诉讼程序不熟悉可能会导致当事人无法正常地参与刑事诉讼。辩护律师则熟悉法律并能够熟练地运用法律，委托辩护律师，维权过程可能会较为顺利。

本案中，张某将郝某打伤，构成故意伤害罪，人民检察院依法提起公诉。实际上，作为公诉方的人民检察院代受害人郝某行使诉讼的权利，而完全不了解法律的张某显然处在一个不利位置上。无论案件的实际情况怎样，单就诉讼程序而言，似乎就难以公平平等。因此，张某应委托专业律师代理此案，尽可能地维护自己辩护的权利。

【法条链接】

《刑事诉讼法》第三十三条 犯罪嫌疑人、被告人除自己行使辩护权以外，还可以委托一至二人作为辩护人。下列的人可以被委托为辩护人：

（一）律师；

（二）人民团体或者犯罪嫌疑人、被告人所在单位推荐的人；

（三）犯罪嫌疑人、被告人的监护人、亲友。

正在被执行刑罚或者依法被剥夺、限制人身自由的人，不得担任辩护人。

……

律师可以不按被告人的意思辩护吗

【案例】

2009年5月，赵某因涉嫌敲诈勒索罪被检察院提起公诉。赵某聘请了律师为自己辩护。律师经过会见、阅卷及调查后认为，赵某以非法占有为目的，采用威胁的方法，向他人索取数额较大的财物已构成敲诈勒索罪，开庭时只能作从轻辩护，不能作无罪辩护，希望赵某能主动认罪，这样法庭会在量刑时考虑从轻判决。但是赵某认为应该作无罪辩护。请问，律师可以不按赵某的意思辩护吗？

【法律解析】

根据《刑事诉讼法》第三十七条的规定，辩护人的责任是根据事实和法律，提出犯罪嫌疑人、被告人无罪、罪轻或者减轻、免除其刑事责任的材料和意见，维护犯罪嫌疑人、被告人的诉讼权利和其他合法权益。维护被告人的诉讼权利和其他合法权益，无论作无罪还是罪轻辩护，其前提均是要依据事实和法律，辩护人完全可以根据自己对事实和法律的理解，发表独立自主的意见，不受被告人意志的左右。案例中，如果被告人赵某坚持自己的观点，反对辩护人的意见，可以解除与辩护人的委托关系。

【法条链接】

《刑事诉讼法》第三十七条　辩护人的责任是根据事实和法律，提出犯罪嫌疑人、被告人无罪、罪轻或者减轻、免除其刑事责任的材料和意见，维护犯罪嫌疑人、被告人的诉讼权利和其他合法权益。

被告律师引诱证人改变证词怎么办

【案例】

赖某与同事周某素来不合，后赖某将周某引至自家小区，将其杀死后抛尸，该过程恰巧被小区居民万某看到。不久，在万某协助下，公安局将此案侦破，赖某被依法逮捕。此案移交法院审理后，赖某聘请了律师李某代理诉讼。李某为了给赖某开脱罪责，找到万某，采用金钱利诱和武力威胁并施的方式，要求万某放弃作证，万某只好答应。李某的行为要承担责任吗？

【法律解析】

根据《刑事诉讼法》第四十四条的规定，辩护人或者其他任何人，不得帮助犯罪嫌疑人、被告人隐匿、毁灭、伪造证据或者串供，不得威胁、引诱证人作伪证以及进行其他干扰司法机关诉讼活动的行为。违反此规定的，应当依法追究法律责任……《中华人民共和国律师法》（以下简称《律师法》）第四十九条规定，律师如果有故意提供虚假证据或者威胁、利诱他人提供虚假证据，妨碍对方当事人合法取得证据的，不仅要吊销律师执业证书，并且构成犯罪的还要依法追究相应的刑事责任。

本案中，李某的行为已经构成了律师伪证罪，依照《刑法》第三百零六条第一款的规定，在刑事诉讼中，辩护人、诉讼代理人毁灭、伪造证据，帮助当事人毁灭、伪造证据，威胁、引诱证人违背事实改变证言或者作伪证的，处三年以下有期徒刑或者拘役；情节严重的，处三年以上七年以下有期徒刑。

【法条链接】

《刑事诉讼法》第四十四条 辩护人或者其他任何人，不得帮助犯罪嫌疑人、被告人隐匿、毁灭、伪造证据或者串供，不得威胁、引诱证人作伪证以及进行其他干扰司法机关诉讼活动的行为。

违反前款规定的，应当依法追究法律责任……

《律师法》第四十九条 律师有下列行为之一的，由设区的市级或者直辖市的区人民政府司法行政部门给予停止执业六个月以上一年以下的处罚，可以处五万元以下的罚款；有违法所得的，没收违法所得；情节严重的，由省、自治区、直辖市人民政府司法行政部门吊销其律师执业证书；构成犯罪的，依法追究刑事责任：

……

（四）故意提供虚假证据或者威胁、利诱他人提供虚假证据，妨碍对方当事人合法取得证据的；

……

律师因故意犯罪受到刑事处罚的，由省、自治区、直辖市人民政府司法行政部门吊销其律师执业证书。

《刑法》第三百零六条第一款 在刑事诉讼中，辩护人、诉讼代理人毁灭、伪造证据，帮助当事人毁灭、伪造证据，威胁、引诱证人违背事实改变证言或者作

伪证的，处三年以下有期徒刑或者拘役；情节严重的，处三年以上七年以下有期徒刑。

刑讯逼供取得的证据合法吗

【案例】

王某是某市公安局刑警。一次，该市公安局打掉一个盗窃团伙，抓获犯罪嫌疑人30余人。审讯时，这些人顽固抵抗，王某一怒之下，随手抓起门边的一根木棍，对着前排的人一顿暴打，这些人撑不过，便交代了全部罪行，后排的人见此情景也全都招供。那么，王某的行为是合法的吗？

【法律解析】

刑讯逼供取得的证据是不合法的。证据的合法性，就是指证据必须在内容上、形式上、收集和认定的人员与程序上具有合法性，必须是由司法人员和当事人依据法定程序收集和提供的，以保证证据是具有法律效力的。而刑讯逼供不属于法定的程序，经非法程序收集的证据没有法律效力，不能作为证据使用。

本案中，王某暴打犯罪嫌疑人而取得的证据是通过非法程序得到的，因此是无效的，没有法定的证明力。

【法条链接】

《刑事诉讼法》第五十二条 审判人员、检察人员、侦查人员必须依照法定程序，收集能够证实犯罪嫌疑人、被告人有罪或者无罪、犯罪情节轻重的各种证据。严禁刑讯逼供和以威胁、引诱、欺骗以及其他非法方法收集证据，不得强迫任何人证实自己有罪。必须保证一切与案件有关或者了解案情的公民，有客观地充分地提供证据的条件，除特殊情况外，可以吸收他们协助调查。

被告人可以中途更换辩护律师吗

【案例】

翁某因故意伤害罪被人民检察院提起公诉，翁某聘请了律师张某作为自己的辩护律师。庭审开始后，翁某对张某的表现很不满意，认为如果让张某继续代理，会对自己非常不利。翁某希望更换自己的辩护律师。那么，被告人翁某可以中途更换律师吗？

【法律解析】

根据《刑事诉讼法》第四十五条的规定，在审判过程中，被告人可以拒绝辩护人继续为他辩护，也可以另行委托辩护人辩护。本案中，辩护律师张某在庭审中的表现不但不能帮助翁某，而且给翁某造成了困扰，如果当事人翁某认为辩护律师的表现无法维护其合法权益，可以要求换掉张某，重新聘请律师。

【法条链接】

《刑事诉讼法》第四十五条 在审判过程中，被告人可以拒绝辩护人继续为他辩护，也可以另行委托辩护人辩护。

犯人在什么条件下可以适用取保候审

【案例】

姚某与高某由于借贷纠纷发生争执，姚某一怒之下将高某的胳膊打折，事后不久姚某意识到自己犯罪了，于是到公安机关自首。公安机关认为姚某认罪态度较好，决定对姚某适用取保候审的强制措施。那么，什么是取保候审？什么人可以适用取保候审呢？

【法律解析】

取保候审，是指人民法院、人民检察院或公安机关责令某些犯罪嫌疑人、刑事被告人提出保证人或者交纳保证金，保证随传随到的一种强制措施。由公安机关执行。也就是说，只要提供保证，被告人的人身自由就只是被限制，而不是被剥夺。

根据《刑事诉讼法》第六十七条的规定，对于可能判处管制、拘役或者独立适用附加刑，抑或可能判处有期徒刑以上刑罚，采取取保候审不致发生社会危险性等的犯罪嫌疑人、被告人，人民法院、人民检察院和公安机关可以采取取保候审。本案中，犯罪嫌疑人姚某能够意识到自己行为的性质，主动自首，是真心悔过，即使不对其刑事拘留，也不会发生社会危害。因此，可以对姚某适用取保候审。

【法条链接】

《刑事诉讼法》第六十七条 人民法院、人民检察院和公安机关对有下列情形之一的犯罪嫌疑人、被告人，可以取保候审：

（一）可能判处管制、拘役或者独立适用附加刑的；

（二）可能判处有期徒刑以上刑罚，采取取保候审不致发生社会危险性的；

（三）患有严重疾病、生活不能自理，怀孕或者正在哺乳自己婴儿的妇女，采取取保候审不致发生社会危险性的；

（四）羁押期限届满，案件尚未办结，需要采取取保候审的。

取保候审由公安机关执行。

取保候审的保证人要满足什么条件

【案例】

某女子姚某过失将同事打伤，到公安机关自首，公安机关决定对其进行取保候审，责令其提出保证人或交纳保证金。姚某于是提出让自己的表兄肖某作为保证人，肖某也同意了。不久，公安机关了解到肖某曾在几年前因犯罪而被判决剥夺政治权利至今，因此，肖某不符合作为保证人的条件。那么，取保候审的保证人要满足什么条件？

【法律解析】

我国《刑事诉讼法》规定了两种取保候审的方式：一种是保证人保证的方式，另一种是保证金保证的方式。保证人必须满足四个条件：（一）与本案无牵连；（二）有能力履行保证义务；（三）享有政治权利，人身自由未受到限制；（四）有固定的住处和收入。本案中，肖某曾因犯罪而被判剥夺政治权利，至今刑期还没过，因此，肖某不符合作为保证人的条件。

【法条链接】

《刑事诉讼法》第六十九条 保证人必须符合下列条件：

（一）与本案无牵连；

（二）有能力履行保证义务；

（三）享有政治权利，人身自由未受到限制；

（四）有固定的住处和收入。

拒不认罪但证据确凿，可以定罪吗

【案例】

郭某和常某盗窃了一家展览馆的钱财和一些艺术展品，馆内的摄像头清楚地拍到了两人换装的样子，证据确凿。面对公安机关的审讯，郭某和常某拒不承认自己的罪行。不久，公安机关宣布结案，将案件移交法院。在没有犯罪嫌疑人供述的情况下，法院可以认定郭某和常某有罪吗？

【法律解析】

根据《刑事诉讼法》第五十五条第一款的规定，对一切案件的判处都要重证据，重调查研究，不轻信口供。只有被告人供述，没有其他证据的，不能认定被告人有罪和处以刑罚；没有被告人供述，证据确实、充分的，可以认定被告人有罪和处以刑罚。本案中，郭某和常某拒不认罪，但是公安机关已经掌握了充分的证据足以证明两人犯罪事实成立，因此可以移交检察院审查起诉，法院可以就此认定郭某和常某的罪行。

【法条链接】

《刑事诉讼法》第五十五条第一款 对一切案件的判处都要重证据，重调查研究，不轻信口供。只有被告人供述，没有其他证据的，不能认定被告人有罪和处以刑罚；没有被告人供述，证据确实、充分的，可以认定被告人有罪和处以刑罚。

取保候审有时间限制吗

【案例】

郭某利用与客户谈判的机会，收受贿赂10万元。案发以后，市检察院对其立案侦查。鉴于犯罪嫌疑人郭某认罪态度较好，主动退回赃款，市检察院决定对其适用取保候审。取保候审有时间限制吗？

【法律解析】

根据《刑事诉讼法》第七十九条的规定，人民法院、人民检察院和公安机关对犯罪嫌疑人、被告人取保候审最长不得超过十二个月，监视居住最长不得超过六个月。在取保候审、监视居住期间，不得中断对案件的侦查、起诉和审理。对于发现不应当追究刑事责任或者取保候审、监视居住期限届满的，应当及时解除取保候审、监视居住。解除取保候审、监视居住，应当及时通知被取保候审、监视居住人和有关单位。

本案中，市检察院对郭某采取取保候审，最多不能超过12个月。如果12个月内侦查机关还没有侦查终结，就必须解除对郭某的取保候审。

【法条链接】

《刑事诉讼法》第七十九条　人民法院、人民检察院和公安机关对犯罪嫌疑人、被告人取保候审最长不得超过十二个月，监视居住最长不得超过六个月。

在取保候审、监视居住期间，不得中断对案件的侦查、起诉和审理。对于发现不应当追究刑事责任或者取保候审、监视居住期限届满的，应当及时解除取保候审、监视居住。解除取保候审、监视居住，应当及时通知被取保候审、监视居住人和有关单位。

什么是监视居住，监视居住有时间限制吗

【案例】

赵某因涉嫌盗窃被县公安局决定监视居住，并交由赵某所在地的派出所执行。该派出所指定赵某在一间约为14平方米的房间内活动，不得离开，每日三餐由家人送来，去厕所也要由公安人员跟着。在此期间，县公安局没有过问赵某的案件，一直拖了8个多月，才重新侦查。那么，这是合法的吗？

【法律解析】

监视居住，是指人民法院、人民检察院、公安机关在刑事诉讼过程中对犯罪嫌疑人、被告人采用的，命令其不得擅自离开住所或者居所并对其活动予以监视和控制的一种强制方法。根据《刑事诉讼法》的规定，监视居住期间最长

不得超过6个月，在监视居住期间，不得中断对案件的侦查、起诉和审理。本案中，县公安局对赵某名义上实行监视居住，实际上与剥夺人身自由的羁押差不多，且在此期间中断了对赵某案件的调查，对其监视居住已经8个多月，超过了法律规定的6个月的期限，因此必须对赵某解除监视居住措施。

【法条链接】

《刑事诉讼法》第六十六条 人民法院、人民检察院和公安机关根据案件情况，对犯罪嫌疑人、被告人可以拘传、取保候审或者监视居住。

第七十七条 被监视居住的犯罪嫌疑人、被告人应当遵守以下规定：

（一）未经执行机关批准不得离开执行监视居住的处所；

（二）未经执行机关批准不得会见他人或者通信；

（三）在传讯的时候及时到案；

（四）不得以任何形式干扰证人作证；

（五）不得毁灭、伪造证据或者串供；

（六）将护照等出入境证件、身份证件、驾驶证件交执行机关保存。

被监视居住的犯罪嫌疑人、被告人违反前款规定，情节严重的，可以予以逮捕；需要予以逮捕的，可以对犯罪嫌疑人、被告人先行拘留。

第七十九条 人民法院、人民检察院和公安机关对犯罪嫌疑人、被告人取保候审最长不得超过十二个月，监视居住最长不得超过六个月。

在取保候审、监视居住期间，不得中断对案件的侦查、起诉和审理。对于发现不应当追究刑事责任或者取保候审、监视居住期限届满的，应当及时解除取保候审、监视居住。解除取保候审、监视居住，应当及时通知被取保候审、监视居住人和有关单位。

什么是拘留，什么情况下适用拘留

【案例】

赵某与邻居高某素来不合，一天，赵某又与高某发生争执，赵某回到家拿起一把菜刀冲出家门，还叫嚷着："一定要杀了姓高的。"在门口遇到姐姐，姐姐看到无法阻止，立即报警。派出所即刻派人拦截住赵某，并将其拘留。赵某的犯罪行为还未引发后果，可以适用拘留吗？

【法律解析】

　　拘留是指公安机关、人民检察院在侦查过程中，在紧急情况下，对现行犯或重大嫌疑分子，暂时采取的强制措施。公安机关对于被拘留的人，应当在拘留后的二十四小时以内进行审讯，若被拘留人被批准逮捕，则依据《刑事诉讼法》审理。刑事拘留不是处罚或者制裁，是一种比较重的强制措施，若被拘留人被无罪释放，被拘留人可以申请国家赔偿。拘留是一种限制人身自由的强制方式，实行起来更要慎重，必须具备一定的条件才能施行。

　　根据《刑事诉讼法》第八十二条的规定，公安机关对于现行犯或者重大嫌疑分子，如果存在正在预备犯罪、实行犯罪或者在犯罪后即时被发觉等情形的，可以先行拘留。本案中，赵某拿着菜刀冲向高某家，这是正在实施的犯罪，而且是在犯罪预备时被发现，属了法定的紧急情况，符合拘留条件，应该对赵某实施拘留。

【法条链接】

　　《刑事诉讼法》第八十二条　公安机关对于现行犯或者重大嫌疑分子，如果有下列情形之一的，可以先行拘留：

　　（一）正在预备犯罪、实行犯罪或者在犯罪后即时被发觉的；

　　（二）被害人或者在场亲眼看见的人指认他犯罪的；

　　（三）在身边或者住处发现有犯罪证据的；

　　（四）犯罪后企图自杀、逃跑或者在逃的；

　　（五）有毁灭、伪造证据或者串供可能的；

　　（六）不讲真实姓名、住址，身份不明的；

　　（七）有流窜作案、多次作案、结伙作案重大嫌疑的。

公安机关有权力下令逮捕吗

【案例】

男子高某将邻居于某强奸，于某的父母向公安机关报案，要求追究高某的刑事责任。侦查人员牛某在做了笔录以后，深感气愤，对于某父母说："为了防止你们的女儿再次受到骚扰，我们公安机关决定将高某逮捕。"牛某立即填发了逮捕证，独自一人执行了对高某的逮捕。那么，牛某的做法正确吗？

【法律解析】

逮捕，是指公安机关、人民检察院和人民法院，为了防止犯罪嫌疑人或者被告人实施妨碍刑事诉讼的行为，逃避侦查、起诉、审判或者发生社会危险性，而依法暂时剥夺其人身自由的一种强制措施。

根据《刑事诉讼法》第九十条的规定，人民检察院对于公安机关提请批准逮捕的案件进行审查后，应当根据情况分别作出批准逮捕或者不批准逮捕的决定。对于批准逮捕的决定，公安机关应当立即执行，并且将执行情况及时通知人民检察院。对于不批准逮捕的，人民检察院应当说明理由，需要补充侦查的，应当同时通知公安机关。可见，有权批准逮捕的是人民检察院和人民法院，逮捕的执行机关是公安机关。本案中，牛某身为公安机关的侦查人员，没有作出逮捕的权力，其做法是不合法的。

【法条链接】

《刑事诉讼法》第八十九条 人民检察院审查批准逮捕犯罪嫌疑人由检察长决定。重大案件应当提交检察委员会讨论决定。

第九十条 人民检察院对于公安机关提请批准逮捕的案件进行审查后，应当根据情况分别作出批准逮捕或者不批准逮捕的决定。对于批准逮捕的决定，公安机关应当立即执行，并且将执行情况及时通知人民检察院。对于不批准逮捕的，人民检察院应当说明理由，需要补充侦查的，应当同时通知公安机关。

刑事拘留一般不超过多长时间

【案例】

吕某因涉嫌刑事犯罪被拘留，由于执行拘留时过于匆忙，公安人员忘记带拘留证。吕某被拘留以后，本市又发生一起重大交通事故案，公安机关忙于处理此事，就无暇顾及吕某的案件。吕某在拘留所里待了两个多月，公安机关不闻不问，也没有通知吕某家属。公安机关的做法合理吗？刑事拘留一般不超过多长时间？

【法律解析】

　　根据《刑事诉讼法》第九十一条的规定，公安机关对被拘留的人，认为需要逮捕的，应在拘留后的三日内提出，人民检察院应当自接到公安机关提请批准逮捕书后的七日内作出批准逮捕或者不批准逮捕的决定，特殊情况下，提请审查批准的时间可以延长一日至四日。对于流窜作案、多次作案、结伙作案的重大嫌疑分子，提请审查批准的时间可以延长至三十日。

　　本案中，吕某在拘留所里待了两个多月，超出了规定的最长期限，其间，公安机关对其不闻不问。这样的行为违反了《刑事诉讼法》的相关规定。

【法条链接】

　　《刑事诉讼法》第九十一条　公安机关对被拘留的人，认为需要逮捕的，应当在拘留后的三日以内，提请人民检察院审查批准。在特殊情况下，提请审查批准的时间可以延长一日至四日。

　　对于流窜作案、多次作案、结伙作案的重大嫌疑分子，提请审查批准的时间可以延长至三十日。

　　人民检察院应当自接到公安机关提请批准逮捕书后的七日以内，作出批准逮捕或者不批准逮捕的决定。人民检察院不批准逮捕的，公安机关应当在接到通知后立即释放，并且将执行情况及时通知人民检察院。对于需要继续侦查，并且符合取保候审、监视居住条件的，依法取保候审或者监视居住。

公安机关对不批准逮捕的决定能否复议

【案例】

　　杨某因涉嫌刑事犯罪被公安机关拘留，在拘留期内公安机关提请检察院批准逮捕。检察院审查以后认为不符合逮捕条件，作出了不批准逮捕的决定。收到此决定后，公安机关要求复议，但是并没有将杨某释放。那么，公安机关对不批准逮捕的决定能否复议？复议期间应将杨某释放吗？

【法律解析】

　　根据《刑事诉讼法》第九十二条的规定，公安机关对人民检察院不批准逮捕的决定，认为有错误的时候，可以要求复议，但是必须将被拘留的人立即释放。如果意见不被接受，可以向上一级人民检察院提请复核。上级人民检察院应当立即复核，作出是否变更的决定，通知下级人民检察院和公安机关执行。因此，本案中，公安机关对于检察院不批准逮捕的决定可以要求复议，但是必须将杨某立即释放。

【法条链接】

《刑事诉讼法》第九十二条 公安机关对人民检察院不批准逮捕的决定，认为有错误的时候，可以要求复议，但是必须将被拘留的人立即释放。如果意见不被接受，可以向上一级人民检察院提请复核。上级人民检察院应当立即复核，作出是否变更的决定，通知下级人民检察院和公安机关执行。

接受委托后，辩护律师可以与被关押的委托人见面吗

【案例】

2009年5月，律师李某接受了涉嫌抢劫犯罪嫌疑人林某亲属的委托，担任林某的辩护律师。而后，李某到看守所要求会见林某。李某出示了律师证、授权委托书、律师事务所会见专用函等所有法定手续后，看守所以必须经侦查机关批准才能会见为由拒绝了李某的会见要求。那么，律师李某此时能否与犯罪嫌疑人会见？

【法律解析】

根据《刑事诉讼法解释》第四十八条的规定，辩护律师可以同在押的或者被监视居住的被告人会见和通信。其他辩护人经人民法院许可，也可以同在押的或者被监视居住的被告人会见和通信。

律师会见林某是不需要任何人批准的。所以，看守所阻止律师会见林某的做法是不对的。

【法条链接】

《刑事诉讼法解释》第四十八条 辩护律师可以同在押的或者被监视居住的被告人会见和通信。其他辩护人经人民法院许可，也可以同在押的或者被监视居住的被告人会见和通信。

对犯罪嫌疑人拘传是指羁押审讯吗

【案例】

　　吕某长期利用职务之便，累计贪污公款、收贿、索贿达500万元。此事被群众举报，检察院对此事进行立案侦查。经过1个月的走访调查，检查人员并未发现吕某的犯罪事实，于是决定将吕某拘传到人民检察院接受询问。那么，什么是拘传？拘传就是对犯罪嫌疑人进行羁押审讯吗？

【法律解析】

　　拘传是我国刑事诉讼强制措施中最轻的一种，是指公安机关、人民检察院和人民法院对未被羁押的犯罪嫌疑人、被告人，依法强制其接受询问的强制方法。拘传的对象是未被羁押的犯罪嫌疑人、被告人。拘传的目的是强制审讯，而不是强制待侦、待诉、待审。根据《刑事诉讼法》第一百一十九条的规定，传唤、拘传持续的时间不得超过12小时……不得以连续传唤、拘传的形式变相拘禁犯罪嫌疑人……

　　本案中，拘传吕某是将吕某强行带到人民检察院接受审讯，接受完审讯后要立即释放，不能羁押。拘传是为了审讯，但绝不是羁押审讯。

【法条链接】

　　《刑事诉讼法》第一百一十九条　对不需要逮捕、拘留的犯罪嫌疑人，可以传唤到犯罪嫌疑人所在市、县内的指定地点或者到他的住处进行讯问，但是应当出示人民检察院或者公安机关的证明文件。对在现场发现的犯罪嫌疑人，经出示工作证件，可以口头传唤，但应当在询问笔录中注明。

　　传唤、拘传持续的时间不得超过十二小时；案情特别重大、复杂，需要采取拘留、逮捕措施的，传唤、拘传持续的时间不得超过二十四小时。

　　不得以连续传唤、拘传的形式变相拘禁犯罪嫌疑人。传唤、拘传犯罪嫌疑人，应当保证犯罪嫌疑人的饮食和必要的休息时间。

房产车产篇

安居乐业

购房签约

买房子支付了首付及部分按揭还能退掉吗

【案例】

侯先生于2007年5月购得一处商品房，并在支付首付款后顺利办妥银行按揭贷款。此后，由于工作调动，侯先生须去别的城市工作。侯先生欲退掉已购买的房子，但是，侯先生不知如何处理已交纳首付款和部分按揭的房子。他能否要求退掉房子呢？

【法律解析】

侯先生无法要求退掉房子，只能与开发商及银行协商解决。《合同法》

规定，依法成立的合同，当事人应当按照约定履行自己的义务，不得擅自变更或解除。侯先生与开发商签订了房屋买卖合同，又与银行签订了按揭贷款合同，就应当按照约定履行自己的义务，否则将承担违约责任。

【法条链接】

《合同法》第八条 依法成立的合同，对当事人具有法律约束力。当事人应当按照约定履行自己的义务，不得擅自变更或者解除合同。

依法成立的合同，受法律保护。

开发商可以随意提高售房价格吗

【案例】

2003年9月，某开发公司与乔某签订了商品房预售合同。2004年，开发公司与乔某多次联系，提出因建材价格上涨太多，房屋的成本提高，要求修改合同条款，提高房屋售价，乔某未同意。开发公司以"显失公平"为由要求解除与乔某的合同。开发商的要求合理吗?

【法律解析】

不合理。物价的涨落,对于房地产开发公司无疑是商业风险的一种,其选择了从事这一商业活动就应当考虑到此风险的存在,而其在商业利润的驱动下仍愿意承担,当然也要承担可能的风险损失。

【法条链接】

《全国民事审判工作座谈会纪要》第二条第三款第(四)项 关于房屋买卖价格问题。房屋买卖,除国家规定必须执行国家定价的之外,对于双方当事人根据房地产市场价格议定的价格,应当予以保护。一定因市场价格变动而不履行或要求解除房屋买卖合同的,不予支持。

未写进合同的赠送内容有法律效力吗

【案例】

2007年3月,胡先生与某房地产公司签订的认购书约定,房地产公司送胡先生天台花园90平方米,双方同意此认购书在签订正式预售合同前有效。同年4月,房地产公司与胡先生签订了《房地产预售合同》,但合同中未约定赠送花园一事。胡先生要求房地产公司按认购书的约定赠送,被开发商拒绝。胡先生能否以认购书上的内容要求开发商赠送其天台花园呢?

【法律解析】

不能,但可以要求开发商给予一定的经济补偿。天台属整栋楼的全体所有人共有,而不应属于某个业主所有,开发商称将其赠送给某个业主,构成了对其他业主对天台使用权的侵害,其赠送行为是无效的。其无效的赠与行为,构成对胡先生的违约。

【法条链接】

《物权法》第七十条 业主对建筑物内的住宅、经营性用房等专有部分享有所有权,对专有部分以外的共有部分享有共有和共同管理的权利。

《商品房销售管理办法》第十五条 房地产开发企业、房地产中介服务机构发布的商品房销售广告和宣传资料所明示的事项,当事人应当在商品房买卖合同中约定。

购房违约金应该怎样计算

【案例】

2005年9月，陈某与某房地产开发公司签订了购房合同，约定：总房款40万元，同年12月31日交房，出卖人逾期交房超过90日，买受人有权解除合同，并按买受人累计已付款的2%支付违约金。合同签订后，陈某即支付了首付款，并办理了按揭贷款手续。半年后，陈某才收到入住通知。于是，陈某要求解除《商品房买卖合同》，并要求房地产公司支付总房款2%的违约金。请问，陈某可以要求房地产公司支付购房违约金吗？如若可以要求房地产公司支付购房违约金，应该怎么计算？

【法律解析】

陈某可以要求房地产公司支付购房违约金，房地产公司应按总房款的2%支付违约金。在违约金的计算方式上，虽然该房款大部分为银行贷款，但开发商实际上已经得到合同约定的全部房款。

【法条链接】

《合同法》第一百一十四条 当事人可以约定一方违约时应当根据违约情况向对方支付一定数额的违约金，也可以约定因违约产生的损失赔偿额的计算方法。

约定的违约金低于造成的损失的，当事人可以请求人民法院或者仲裁机构予以增加；约定的违约金过分高于造成的损失的，当事人可以请求人民法院或者仲裁机构予以适当减少。

当事人就迟延履行约定违约金的，违约方支付违约金后，还应当履行债务。

一房多卖怎么办

【案例】

2007年，盛先生在县城买了一个门市。这个门市比较大，由几十个人合买。盛先生只买了其中一间，但是卖房的人同时把一间房子卖给几个人。大家都只签了售房合同，没有办房产证。现在卖房的人跑了，盛先生该怎么办？

【法律解析】

要求开发商承担民事赔偿责任。如开发商携款潜逃，还可能涉嫌刑事诈骗，可向派出所报案，将其抓获后对盛先生的损失予以退赔。

【法条链接】

《最高人民法院关于审理商品房买卖合同纠纷案件适用法律若干问题的解释》第八条　具有下列情形之一的，导致商品房买卖合同目的不能实现的，无法取得房屋的买受人可以请求解除合同、返还已付购房款及利息、赔偿损失，并可以请求出卖人承担不超过已付购房款一倍的赔偿责任：

（一）商品房买卖合同订立后，出卖人未告知买受人又将该房屋抵押给第三人；

（二）商品房买卖合同订立后，出卖人又将该房屋出卖给第三人。

对于开发商隐瞒实情，能否要求其双倍赔偿

【案例】

李某于2006年购买某房地产公司一套预售商品房。后来，李某向房产公司交付了房款，房产公司也按合同约定将房屋交付李某使用。李某在办理房屋所有权证时得知购买的商品房并未取得商品房预售许可证，暂时无法办理房屋所有权证。李某要求房地产公司返还房款及利息，并承担双倍赔偿责任。那么，李某的主张能否得到法院支持？

【法律解析】

不能要求双倍赔偿。李某可以请求返还已付购房款及利息、赔偿损失，可以请求出卖人承担不超过已付购房款一倍的赔偿责任。所以，对于具体如何赔偿应根据出卖人的恶意程度、买受人的损失大小等具体案情来裁量，而不能一概以双倍赔偿论之。

【法条链接】

《合同法》第一百一十四条　当事人可以约定一方违约时应当根据违约情况向对方支付一定数额的违约金，也可以约定因违约产生的损失赔偿额的计算方法。

约定的违约金低于造成的损失的，当事人可以请求人民法院或者仲裁机构予以增加；约定的违约金过分高于造成的损失的，当事人可以请求人民法院或者仲裁机构予以适当减少。

当事人就迟延履行约定违约金的，违约方支付违约金后，还应当履行债务。

与开发商未达成购房协议，购房者能否要求返还支付的定金

【案例】

2005年6月，姜某与某房地产公司签订了《×别墅交纳定金合同》，由姜某订购。合同规定姜某交纳30万元定金。半年后，由于房价上涨，该公司要求姜某再加付30万元。经过多次磋商，房屋合同仍未能签成。姜某要求开发商返还定金，遭到拒绝。那么，请问与开发商未达成购房协议，购房者可以要求返还支付的定金吗？

【法律解析】

可以要求返还定金。姜某由于房价太高无法接受，且并没有与房地产公司签订正式的房屋买卖合同，同时，姜某已经履行了诚信磋商义务。

【法条链接】

《合同法》第二条第一款 本法所称合同是平等主体的自然人、法人、其他组织之间设立、变更、终止民事权利义务关系的协议。

《担保法解释》第一百一十五条 当事人约定以交付定金作为订立主合同担保的，给付定金的一方拒绝订立主合同的，无权要求返还定金；收受定金的一方拒绝订立合同的，应当双倍返还定金。

双方未达成一致意见，认购房屋所交定金能否退还

【案例】

2007年11月，蒋先生与某开发商签订了一份房屋认购书，并支付了定金3万元，约定7日内与开发商签署《商品房买卖合同》。买卖条件以双方所签合同书为准，如逾期未签订《商品房买卖合同》，定金不予退还。之后，双方就个别问题无法达成一致意见。蒋先生要求退还定金，但遭到拒绝。请问，蒋先生能够要求开发商退还定金吗？

【法律解析】

能够退还。导致合同未能签订的原因是双方未能就《商品房买卖合同》内容达成一致意见，这个后果不能归责于蒋先生一人，因双方都不存在过错，所以开发商应该退还蒋先生的定金。

【法条链接】

《最高人民法院关于审理商品房买卖合同纠纷案件适用法律若干问题的

解释》第四条 出卖人通过认购、订购、预订等方式向买受人收受定金作为订立商品房买卖合同担保的，如果因当事人一方原因未能订立商品房买卖合同，应当按照法律关于定金的规定处理；因不可归责于当事人双方的事由，导致商品房买卖合同未能订立的，出卖人应当将定金返还买受人。

开发商延期交房，可以要求退房吗

【案例】

邸先生于2007年购买了一套期房，已经交了房款的30%作为首付款。开发商承诺2008年6月交房，但一直未通知交房。问售楼处说预售证未办好，预计9月底才能交房。邸先生能否要求退房并让开发商支付违约金？

【法律解析】

这要看合同中对此是如何约定的，如果有这方面的约定，则按约定处理。如果合同中没有约定，则需要具体问题具体处理。如果在宽限期过后，开发商仍不能交房，购房者有权解除合同，而且可以要求开发商返还所交的首付款和利息，并支付违约金。

【法条链接】

《最高人民法院关于审理商品房买卖合同纠纷案件适用法律若干问题的解释》第十五条 根据《合同法》第九十四条的规定，出卖人迟延交付房屋或者买受人迟延支付购房款，经催告后在三个月的合理期限内仍未履行，当事人一方请求解除合同的，应予支持，但当事人另有约定的除外。

法律没有规定或者当事人没有约定，经对方当事人催告后，解除权行使的合理期限为三个月。对方当事人没有催告的，解除权应当在解除权发生之日起一年内行使；逾期不行使的，解除权消灭。

购房后反悔了怎么办

【案例】

2006年4月，陈某与张某签订了购房合同，张某将一处住宅以8万元的价格转让给陈某，并约定2007年8月交房时付清余款。但是后来张某突然反悔不卖了。陈某可以要求法院判令张某继续履行合同吗？

【法律解析】

可以要求张某继续履行。对方中途反悔属于违约行为，《合同法》规定，当事人一方不履行合同义务或者履行合同义务不符合约定的，应当承担继续履行、采取补救措施或者赔偿损失等违约责任。但有下列情形之一的除外：（一）法律上或者事实上不能履行；（二）债务的标的不适于强制履行或者履行费用过高；（三）债权人在合理期限内未要求履行。

【法条链接】

《物权法》第十五条 当事人之间订立有关设立、变更、转让和消灭不动产物权的合同，除法律另有规定或者合同另有约定外，自合同成立时生效；未办理物权登记的，不影响合同效力。

房价下跌，是否可以退房

【案例】

2008年7月，高先生购买了一套商品房，每平方米1.2万元，并付了30%的首付。谁知刚过半个月，同样的户型每平方米降为1.1万元。这样算下来，高先生的房子整整降了10万元。高先生是否可以退掉房子，重新以现价购买？

【法律解析】

高先生无权要求退房。根据《最高人民法院关于审理商品房买卖合同纠纷案件适用法律若干问题的解释》的规定，出卖人即开发商在房屋交付时间、房屋质量、面积误差、规划设计、权利瑕疵、虚假承诺、迟延办证等方面存在违约行为时，业主方可行使法定合同解除权提出退房或降价补偿。已购房屋价值的下跌并不构成开发商违约的法定事由，如业主没有确切证据证明开发商存在违约事实，那么无权要求退房。

【法条链接】

根据《最高人民法院关于审理商品房买卖合同纠纷案件适用法律若干问题的解释》的规定，出卖人即开发商在房屋交付时间、房屋质量、面积误差、规划设计、权利瑕疵、虚假承诺、迟延办证等方面存在违约行为时，业主方可行使法定合同解除权提出退房或降价补偿。

《合同法》第四十四条第一款　依法成立的合同，自成立时生效。

未交付使用的期房能否转让

【案例】

2001年3月，郑某与某开发商签订了《商品房预售合同》，2003年3月交房。半年后，郑某因工作原因可能将出国几年，遂想将所购房屋转让给胡某，双方很快签订了《预售商品房转让合同》。但在与开发商协商时，开发商称双方在合同中约定房屋在交付前，不得转让，如有特殊原因，须征得开发商同意。那么，郑某能否转让自己的房子呢？

【法律解析】

无法转让未交付使用的房子。现实当中，我国法律并没有禁止商品房预售合同的预购人转让自己预购的商品房，但如果预购人自己与开发商在合同中约定预售商品房转让的条件或限制，则必须遵守合同约定。所以，当郑某与开发商在合同中约定了转让须征得开发商同意时，就必须遵守自己的约定，否则将承担违约责任。

【法条链接】

《合同法》第四十四条　依法成立的合同，自成立时生效。

法律、行政法规规定应当办理批准、登记等手续生效的，依照其规定。

私下买卖的私有房屋受法律保护吗

【案例】

2004年，白某听说某老城区要进行改造，该区住户被列为拆迁户。白某趁机以2万元购买了方某的两间私房，欲赚取拆迁补偿。但他们未到房管部门办理过户手续。半年后，该区未列入拆迁范围，白某维修房屋花了8000元。事后白某反悔，以双方买卖合同无效为由要求方某返还2万元。私下买卖的私有房屋受法律保护吗？

【法律解析】

不受法律保护。房地产转让或者变更时，应当向县级以上地方人民政府房产管理部门申请房产变更登记，并凭变更后的房屋所有权证书向同级人民政府土地管理部门申请土地使用权变更登记，经同级人民政府土地管理部门核实，由同级人民政府更换或者更改土地使用权证书。所以，未经办理登记过户手续，私下买卖房屋是不被法律保护的。

【法条链接】

《中华人民共和国城市房地产管理法》（以下简称《城市房地产管理法》）第六十一条第三款　房地产转让或者变更时，应当向县级以上地方人民政府房产管理部门申请房产变更登记，并凭变更后的房屋所有权证书向同级人民政府土地管理部门申请土地使用权变更登记，经同级人民政府土地管理部门核实，由同级人民政府更换或者更改土地使用权证书。

房屋贷款与抵押

贷款买房提前还贷，是守信还是违约

【案例】

卫小姐于2007年贷款买了一套房子，由于连续加息，她感到了还款的压力。后来，卫小姐将自己的一处店铺出售后欲办理提前还款。当她去银行办理相关手续时，银行人员说：贷款未满一年不能办理提前还款，否则将以违约追究其责任。卫小姐很疑惑：提前还款还违约？

【法律解析】

这是一种单方违约行为。一般来说，当购房人与银行依法签订了抵押贷款合同后，自合同成立时即已生效，双方应按规定履行。作为银行，在为购房者做房贷时付出了一定的人力成本，如果购房者在一年之内提出提前还贷的申请，无疑会打乱银行的正常计划。因此，银行要求购房人承担一定的违约责任是合法的。

【法条链接】

《合同法》第一百零七条　当事人一方不履行合同义务或者履行合同义务不符合约定的，应当承担继续履行、采取补救措施或者赔偿损失等违约责任。

《贷款通则》第三十二条　贷款归还：

借款人应当按照借款合同规定按时足额归还贷款本息。

贷款人在短期贷款到期1个星期之前、中长期贷款到期1个月之前，应当向借款人发送还本付息通知单；借款人应当及时筹备资金，按时还本付息。

贷款人对逾期的贷款要及时发出催收通知单，做好逾期贷款本息的催收工作。

贷款人对不能按借款合同约定期限归还的贷款，应当按规定加罚利息；对不能归还或者不能落实还本付息事宜的，应当督促归还或者依法起诉。

借款人提前归还贷款，应当与贷款人协商。

房屋买卖合同解除，按揭贷款怎么办

【案例】

周女士购买了一套房屋，合同签订后，并按照约定交了首付款，在指定的银行办理了按揭手续。之后她发现该楼盘有问题，于是与开发商交涉，最终其同意解除合同，返还首付款，并给她一定的补偿。房屋买卖合同解除，按揭贷款合同是否也随之解除？

【法律解析】

按揭贷款合同并不是房屋买卖合同的从合同，房屋买卖合同解除，贷款合同并不随之解除，只有购房者或者银行提出解约主张，才能解除。

【法条链接】

《最高人民法院关于审理商品房买卖合同纠纷案件适用法律若干问题的解释》第二十四条　因商品房买卖合同被确认无效或者被撤销、解除，致使商品房担保贷款合同的目的无法实现，当事人请求解除商品房担保贷款合同的，应予支持。

夫妻双方其中一方不同意，能把房子抵押出去吗

【案例】

　　吴小姐结婚5年了，婚后吴小姐和她的丈夫买了一套两居室的房子，产权证上写的是夫妻俩的名字。现吴小姐的丈夫因做生意需用钱，便想用房子作抵押向银行贷款，但吴小姐不同意。如果吴小姐坚持不同意，她的丈夫可以把房子单独抵押出去吗？

【法律解析】

　　不能。他们居住的房子是夫妻共同共有财产。根据相关法律规定，在共同共有关系存续期间，部分共有人擅自处分共有财产的，一般认定无效。吴小姐的丈夫若想将该房屋设定抵押，必须得到她的书面同意。如果吴小姐坚决不同意，则她的丈夫单独抵押房屋是无效行为。

【法条链接】

　　《物权法》第九十七条　处分共有的不动产或者动产以及对共有的不动产或者动产作重大修缮的，应当经占份额三分之二以上的按份共有人或者全体共同共有人同意，但共有人之间另有约定的除外。

房屋产权与登记

已卖出的房子能再要回吗

【案例】

　　2007年5月，徐某与张某签订了一份房屋买卖合同，合同约定：徐某将自有的一套商品房卖给张某。徐某须在当年12月底前协助张某办理产权过户手续。张某付清了房款，徐某也交付了房屋。此后徐某反悔并表示愿意退还张某房款。张某未同意，在要求徐某按约办理过户手续遭拒后向法院起诉。那么，请问已卖出的房子徐某还能再要回来吗？

【法律解析】

　　徐某不能要回房子。并且，徐某与张某之间的买卖合同体现了双方的真实意思，且房、款两清，徐某拒绝为张某办理产权变更手续的行为侵害了张某

的合法权益，因此徐某应协助张某办理房屋过户手续。

【法条链接】

《城市房地产管理法》第六十一条第三款 房地产转让或者变更时，应当向县级以上地方人民政府房产管理部门申请房产变更登记，并凭变更后的房屋所有权证书向同级人民政府土地管理部门申请土地使用权变更登记，经同级人民政府土地管理部门核实，由同级人民政府更换或者更改土地使用权证书。

《合同法》第四十四条 依法成立的合同，自成立时生效。

法律、行政法规规定应当办理批准、登记等手续生效的，依照其规定。

已经登记的买卖合同是否可解除

【案例】

2007年5月，孙先生将自己的一处商品房卖予马先生，并办理了房屋登记手续。后来，由于孙先生的儿子要结婚没有房子可住，孙先生欲将卖予马先生的房子要回，解除双方的买卖合同，并愿意退还马先生购房款。孙先生能否将已作登记的房子要回呢？

【法律解析】

可以解除合同，只要孙先生与马先生能够协商一致。我国实行房屋产权登记制度，一方当事人反悔要求解除合同，一般法律不予支持。但是，只要不违反法律，不损害国家和社会公共利益，经双方当事人协商一致，就可以解除合同。合同解除之后，房屋返还出卖人，并须办理产权变更手续；出卖人返还买受人相应的价款。

【法条链接】

《合同法》第九十三条 当事人协商一致，可以解除合同。

当事人可以约定一方解除合同的条件。解除合同的条件成立时，解除权人可以解除合同。

《城市私有房屋管理条例》第六条 城市私有房屋的所有人，须到房屋所在地房管机关办理所有权登记手续，经审查核实后，领取房屋所有权证；房屋所有权转移或房屋现状变更时，须到房屋所在地房管机关办理所有权转移或房屋现状变更登记手续。

开发商拖延，业主拿不到房产证该怎么办

【案例】

2006年5月，赵小姐在某社区购买了一套房子，开发商承诺在交房之日起3个月内为其办理房产证，逾期未办理，将向其支付购房款1%的违约金。2006年12月赵小姐拿到了房子钥匙，可直到2008年1月赵小姐仍未拿到房产证。赵小姐多次与开发商协商此事，均未果，而开发商也未按照承诺向其支付违约金。那么，赵小姐该怎么办呢？

【法律解析】

赵小姐可以要求开发商退房返款，并赔偿其损失。我国法律规定，房地产开发企业应当协助商品房购买人办理土地使用权变更和房屋所有权登记手续。开发商在交房后的1年时间里都未为赵小姐办理房产证。我国法律规定，由于出卖人的原因，导致买受人无法办理房屋所有权登记，买受人请求解除合同和赔偿损失的，应予以支持。

【法条链接】

《最高人民法院关于审理商品房买卖合同纠纷案件适用法律若干问题的解释》第十八条 由于出卖人的原因，买受人在下列期限届满未能取得房屋权属证书的，除当事人有特殊约定外，出卖人应当承担违约责任：

（一）商品房买卖合同约定的办理房屋所有权登记的期限；

（二）商品房买卖合同的标的物为尚未建成房屋的，自房屋交付使用之日起90日；

（三）商品房买卖合同的标的物为已竣工房屋的，自合同订立之日起90日。

合同没有约定违约金或者损失数额难以确定的，可以按照已付购房款总额，参照中国人民银行规定的金融机构计收逾期贷款利息的标准计算。

买了夫妻共有的房子过不了户，房产中介有责任吗

【案例】

李某在某中介看中了一处房产，后与卖方段某及中介公司签订了三方房屋合同。后来，李某了解到该房产是段某婚姻存续期间的夫妻共有财产，其离婚协议中未明确该房归谁，无法办理过户手续。李某要求中介退还收取的服务

费并向段某追回定金，而中介认为责任应由段某承担，与己无关。那么，李某该怎么办呢？

【法律解析】

李某应向段某依法主张自己的权利，要回所交购房定金。根据《婚姻法》的相关规定，离婚时，夫妻的共同财产由双方协议处理。本案中所交易的房屋是段某婚姻存续期间的夫妻共有财产，但双方在离婚协议中并没有明确约定该房屋归谁，因此，该房屋的所有权存在瑕疵，此类房屋是不能进行交易的。

【法条链接】

《合同法》第五十八条　合同无效或者被撤销后，因该合同取得的财产，应当予以返还；不能返还或者没有必要返还的，应当折价补偿。有过错的一方应当赔偿对方因此所受到的损失，双方都有过错的，应当各自承担相应的责任。

物业纠纷

物业管理公司可以随意提高物业管理费吗

【案例】

林先生于2006年9月买了一套商品房。2007年3月交房时，物业管理费为每年0.96元/平方米。但2008年收到物业管理公司书面通知要求按每年6.54元/平方米交纳。对此，林先生不能接受。他该怎么办？

【法律解析】

物业公司的做法不对。该公司如要涨价，应与业主对该物业服务合同进行协议补充，并应经专有部分占建筑物总面积过半数的业主且占总人数过半数的业主同意。如果对该收费有异议，除双方协商外，也可向县级以上人民政府价格主管部门或同级房地产行政主管部门申诉。

【法条链接】

《物业管理条例》第四十条　物业服务收费应当遵循合理、公开以及费用与服务水平相适应的原则，区别不同物业的性质和特点，由业主和物业服务企业按照国务院价格主管部门会同国务院建设行政主管部门制定的物业服务收费办法，在物业服务合同中约定。

家中被盗，物业公司是否要承担责任

【案例】

2008年3月3日，孔先生早上醒来发现家中被盗，小偷是从客厅窗户爬进房间的，手提电脑、手机、现金都被偷走了，大概价值2万元。之前小区也多次发生被盗事件。孔先生认为物业公司疏于管理，未尽职责，导致盗窃案件屡次发生，应承担赔偿责任。那么，物业公司有必要承担赔偿的责任吗？

【法律解析】

是否获得赔偿由《物业管理服务合同》本身决定。业主在和物业公司签订合同时，应对委托管理的事项、标准、权限、违约责任等明确约定，一旦双方在合同履行过程中发生纠纷，就可以根据合同规定，依法追究其相应的法律责任。

【法条链接】

《物业管理条例》第三十五条 物业服务企业应当按照物业服务合同的约定，提供相应的服务。

物业服务企业未能履行物业服务合同的约定，导致业主人身、财产安全受到损害的，应当依法承担相应的法律责任。

业主向物业公司交纳停车费，轿车被盗物业公司应否赔偿

【案例】

2007年1月，贾某入住某小区，并按规定每季度向物业公司交纳停车占地费600元。当年5月的一天，贾某的轿车被盗，于是向物业公司反映，并报案，但公安机关未查出犯罪嫌疑人。后来，贾某要求物业公司承担赔偿责任。物业公司以双方未签订保管合同为由拒绝。那么，物业收了停车费是否构成保管关系呢？

【法律解析】

物业公司理应适当予以赔偿。物业公司作为小区的实施管理者，应当负责小区的安全工作，但其却在小区的安全管理上存在漏洞，导致贾某的车丢失，所以应承担一定的责任。

【法条链接】

《合同法》第三百六十五条 保管合同是保管人保管寄存人交付的保管物，并返还该物的合同。

《物业管理条例》第三十五条 物业服务企业应当按照物业服务合同的约

定，提供相应的服务。

物业服务企业未能履行物业服务合同的约定，导致业主人身、财产安全受到损害的，应当依法承担相应的法律责任。

物业管理费是从业主入住才开始交吗

【案例】

2006年，李小姐购买了一套房。当年11月进行房屋验收，李小姐发现有多处装修质量问题，拒绝收房。2007年1月初，物业公司要其再次验收。李小姐发现仍存在3处问题。当年6月问题解决后她才入住。物业费应从何时开始起交呢？

【法律解析】

物业费应从购房人验收合格之日起算，李小姐应交纳自2007年1月起的物业费。虽然在2007年1月物业维修结束，李小姐仍发现有3处未达到自己满意，但房屋已经不存在影响实现合同的质量瑕疵，也就是说，李小姐应按照《商品房预售合同》的约定接收房屋而不得拒绝。

【法条链接】

《物业服务收费管理办法》第十五条　业主应当按照物业服务合同的约定按时足额交纳物业服务费用或者物业服务资金。业主违反物业服务合同约定逾期不交纳服务费用或者物业服务资金的，业主委员会应当督促其限期交纳；逾期仍不交纳的，物业管理企业可以依法追缴。

业主与物业使用人约定由物业使用人交纳物业服务费用或者物业服务资金的，从其约定，业主负连带交纳责任。

物业发生产权转移时，业主或者物业使用人应当结清物业服务费用或者物业服务资金。

物业服务合同未签订，业主可以拒交物业费吗

【案例】

2008年年初，物业服务企业对小区进行物业管理，进行口头协定，未签订物业服务合同。当年7月，因狂风袭击，导致小区内花草树木受到严重损坏。物业公司为此花费了大笔的维护费用，随后贴出公告称要增收物业服务费，而业

主以没有委托物业管理这么多事项为由拒交增收的服务费。业主的做法有法律依据吗？

【法律解析】

业主不能拒交服务费。对于未以书面形式签订物业服务合同的法律后果，《合同法》规定，当事人未采用书面形式订立合同，但一方已经履行主要义务，对方接受的，该合同成立。也就是说，合同形式违法并不必然导致合同无效。本案中，物业服务企业实际上已经履行了服务，而业主也已接受，故业主不能拒交增收的服务费。

【法条链接】

《合同法》第三十六条 法律、行政法规规定或者当事人约定采用书面形式订立合同，当事人未采用书面形式但一方已经履行主要义务，对方接受的，该合同成立。

《物业管理条例》第三十四条 业主委员会应当与业主大会选聘的物业服务企业订立书面的物业服务合同。

物业服务合同应当对物业管理事项、服务质量、服务费用、双方的权利义务、专项维修资金的管理与使用、物业管理用房、合同期限、违约责任等内容进行约定。

业主与前物业公司的约定对新物业公司还有效吗

【案例】

2006年，乔某与A物业公司签订合同，不接受其负责的小区供暖服务。2007年，B物业公司接手小区的供暖服务。B物业公司要求乔某支付自2006年起的供暖费被拒。乔某称B物业公司不是供暖单位，无权要求其支付供暖费，且自己在入住之初已经约定不接受小区供暖。乔某的理由能否成立呢？

【法律解析】

乔某只需交纳2007年B物业公司共有部分的供暖费即可。乔某与A物业公司约定自行供暖，实际也未接受供暖，所以可不支付其房屋专有部分的供暖费，但对共有部分仍需交纳。乔某与A物业公司的约定对B物业公司不具有约束力，且实际上乔某专有部分未接受供暖。

【法条链接】

　　《物业服务收费管理办法》第十五条　业主应当按照物业服务合同的约定按时足额交纳物业服务费用或者物业服务资金。业主违反物业服务合同约定逾期不交纳服务费用或者物业服务资金的，业主委员会应当督促其限期交纳；逾期仍不交纳的，物业管理企业可以依法追缴。

　　业主与物业使用人约定由物业使用人交纳物业服务费用或者物业服务资金的，从其约定，业主负连带交纳责任。

　　物业发生产权转移时，业主或者物业使用人应当结清物业服务费用或者物业服务资金。

因装修漏水导致电梯停运，应当由谁承担责任

【案例】

　　2007年，叶某与其小区物业公司签订服务协议，其中"暖气设备"一栏为空白，并注明所有拆改部分出现问题造成的损失由业主承担。某天夜里，叶某家暖气跑水，叶某向物业公司报修，工作人员赶到现场，无法及时控制，导致水漏至电梯，造成两部电梯无法运行。事后，物业公司要求叶某承担电梯的维修费用。那么，该由谁承担责任呢？

【法律解析】

　　物业公司与叶某共同承担责任。本案中，叶某对于其拆改行为造成的漏水，应当为其行为所造成的损害后果承担相应的赔偿责任。叶某在通知物业公司房屋漏水后，物业公司应该意识到电梯被淹的可能，应采取紧急措施，但物业工作人员却在无法及时控制的情况下才关闭电梯总阀，其采取措施不当，理应承担责任。

【法条链接】

　　《住宅室内装饰装修管理办法》第三十三条　因住宅室内装饰装修活动造成相邻住宅的管道堵塞、渗漏水、停水停电、物品毁坏等，装修人应当负责修复和赔偿；属于装饰装修企业责任的，装修人可以向装饰装修企业追偿。

　　装修人擅自拆改供暖、燃气管道和设施造成损失的，由装修人负责赔偿。

　　《物业管理条例》第四十五条　对物业管理区域内违反有关治安、环保、物业装饰装修和使用等方面法律、法规规定的行为，物业服务企业应当制止，

并及时向有关行政管理部门报告。

有关行政管理部门在接到物业服务企业的报告后，应当依法对违法行为予以制止或者依法处理。

装修时业主对自己的住宅可以任意装修吗

【案例】

柴某打算装修房间，于是办理了装修登记手续，并交纳了装修保证金。当柴某欲安装一个自重为300公斤的浴缸时，物业公司认为浴缸太重，有可能会损害其他业主的权益，必须经批准并通过安全测定方可安装。柴某认为物业公司无权干涉。柴某可以对自己的住宅任意装修吗？

【法律解析】

不可以。《物权法》规定，业主行使权利不得危及建筑物的安全，不得损害其他业主的合法权益。柴某安装如此重的浴缸，其承重已经超过规定的荷载，不能安装这一浴缸。

【法条链接】

《物权法》第七十一条 业主对其建筑物专有部分享有占有、使用、收益和处分的权利。业主行使权利不得危及建筑物的安全，不得损害其他业主的合法权益。

《住宅室内装饰装修管理办法》第七条 住宅室内装饰装修超过设计标准或者规范增加楼面荷载的，应当经原设计单位或者具有相应资质等级的设计单位提出设计方案。

物业公司有权对业主罚款吗

【案例】

2007年6月，业主李某入住自己新购的商品房。入住后，李某加装了阳台遮阳篷。该小区物业发现后，认为李某加装遮阳篷的行为使其总体规划不协调，影响美观。物业在多次要求李某自行拆除遮阳篷未果的情况下，决定对其罚款1000元，如其3天之内未交纳，将采取停电、停水的措施进行制裁。物业有权对李某采取如此制裁吗？

【法律解析】

物业无权制裁。根据《中华人民共和国行政处罚法》（以下简称《行政处罚法》）的规定，行政处罚应由具有行政处罚权的行政机关在法定职权范围内实施。物业不是行政机关，不具有行政处罚权，无权对业主采取罚款措施。只有供电人才可以按照国家规定的程序中止向用电人供电，而物业在任何情况下都无权对业主采取断水、断电的措施。

【法条链接】

《行政处罚法》第十五条　行政处罚由具有行政处罚权的行政机关在法定职权范围内实施。

《合同法》第一百八十二条　用电人应当按照国家有关规定和当事人的约定及时交付电费。用电人逾期不交付电费的，应当按照约定支付违约金。经催告用电人在合理期限内仍不交付电费和违约金的，供电人可以按照国家规定的程序中止供电。

房屋拆迁

拆迁范围内的房屋能否出租

【案例】

2008年7月，陈某租了一间房，跟房主签订了为期半年的租赁合同，并一次性支付了1000元押金以及3个月的房租。不久陈某得知，搬过来之前已经有拆迁公告告知小区要拆迁。如果房屋真的被拆，陈某能否要回房租及搬家的损失？

【法律解析】

陈某可以要求要回房租及搬家的损失。房主明知房屋已在拆迁范围之内，还与陈某签订租赁合同，违反了行政法规的强制性规定，故租赁合同无效。

【法条链接】

《城市房屋拆迁管理条例》第十二条　拆迁范围确定后，拆迁范围内的单位和个人，不得进行下列活动：

（一）新建、扩建、改建房屋；

（二）改变房屋和土地用途；

（三）租赁房屋。

房屋拆迁管理部门应当就前款所列事项，书面通知有关部门暂停办理相关手续。暂停办理的书面通知应当载明暂停期限。暂停期限最长不得超过1年；拆迁人需要延长暂停期限的，必须经房屋拆迁管理部门批准，延长暂停期限不得超过1年。

房屋在未过户的情况下，拆迁款应给谁

【案例】

2008年12月，肖某把自己的房子卖给了刘某。刘某付清了房款，合同中约定购房后双方必须在2个月内办理过户手续，否则为违约。肖某把房产证、国有土地使用证等证件都给了刘某。2009年1月，市拆迁办与刘某签订了拆迁补偿协议，赔偿刘某18万元，房子已经被拆除。那么，在未过户情况下拆迁款应给谁？

【法律解析】

应该给肖某。虽然二人已经签订了房屋买卖合同，但由于没有办理房屋买卖过户手续，房屋的所有权还属于肖某。按照《城市房屋拆迁管理条例》的规定，拆迁人应当对被拆迁人给予补偿，而该条例所称被拆迁人是指房屋的所有人，所以尽管刘某实际上已经开始使用该房屋，但在办理房屋过户手续之前他并非所有权人。那么根据上述规定，他不是被拆迁人，因此拆迁补偿款也不应当给他。

【法条链接】

《城市房屋拆迁管理条例》第四条　拆迁人应当依照本条例的规定，对被拆迁人给予补偿、安置；被拆迁人应当在搬迁期限内完成搬迁。

本条例所称拆迁人，是指取得房屋拆迁许可证的单位。

本条例所称被拆迁人，是指被拆迁房屋的所有人。

家庭内部如何分配房屋拆迁补偿款

【案例】

萧某父亲将一套住房过户到萧某名下，已经有3年了。但房子一直由父亲和继母居住，现在萧某为了方便孩子上学想搬过来和父亲一起居住，但萧某父亲不肯，说萧某和他争房子住。现在开发商要拆迁该房，这房子是归萧某还是

归萧某父亲，补偿款怎么分配？

【法律解析】

萧某有权住这个房子，至于拆迁补偿款在家庭内部如何分配，由萧某的家人自行协商。拆迁补偿款是给被拆迁人的，根据《城市房屋拆迁管理条例》的规定，被拆迁人是指被拆迁房屋的所有人，即萧某。

【法条链接】

《物权法》第十四条 不动产物权的设立、变更、转让和消灭，依照法律规定应当登记的，自记载于不动产登记簿时发生效力。

继母有权分割房屋补偿款吗

【案例】

冯某的父亲在1986年与冯某的继母结婚，冯某继母婚前有一子，但从来没有与冯某继母一起生活过。冯某老家的房子是在2000年由冯某本人为主出资兴建的，现在将要拆迁，冯某继母提出要补偿款的一半。该补偿款如何分配？冯某继母的儿子是否有权参与分配？

【法律解析】

冯某继母可以请求分割，如何分割由他们自行协商。冯某继母的儿子无权参与分配。他与冯某父亲并未形成抚养与被抚养的关系，不属于《婚姻法》规定的父母子女关系，他不是冯某的家庭成员，也未对建造该房屋出资出力。

【法条链接】

《物权法》第一百条 共有人可以协商确定分割方式。达不成协议，共有的不动产或者动产可以分割并且不会因分割减损价值的，应当对实物予以分割；难以分割或者因分割会减损价值的，应当对折价或者拍卖、变卖取得的价款予以分割。

共有人分割所得的不动产或者动产有瑕疵的，其他共有人应当分担损失。

被拆迁人有权知道房屋拆迁评估报告吗

【案例】

一家工厂承租某闲置土地，自建加工车间以及加工制造等设施，并对原土房进行了大修。2008年9月，当地建委发布公告在该工厂所在范围内进行拆迁。2009年3月，评估公司进行评估，但一直没有告诉该厂评估结果。该厂多次找有关部门询问，但他们都说评估报告是保密的。该厂有权知道评估结果吗？

【法律解析】

该厂有权知道评估结果。房子属于该厂自建，该厂为被征收人。《国有土地上房屋征收评估办法》规定，房屋征收部门应当将分户的初步评估结果在征收范围内向被征收人公示。分户初步评估结果公示期满后，房地产价格评估机构应当向房屋征收部门提供委托评估范围内被征收房屋的整体评估报告和分户评估报告。房屋征收部门应当向被征收人转交分户评估报告。所以，评估报告保密这种说法是错误的。

【法条链接】

《国有土地上房屋征收评估办法》第十六条 房地产价格评估机构应当按照房屋征收评估委托书或者委托合同的约定，向房屋征收部门提供分户的初步评估结果。分户的初步评估结果应当包括评估对象的构成及其基本情况和评估价值。房屋征收部门应当将分户的初步评估结果在征收范围内向被征收人公示。

公示期间，房地产价格评估机构应当安排注册房地产估价师对分户的初步评估结果进行现场说明解释。存在错误的，房地产价格评估机构应当修正。

第十七条第一款 分户初步评估结果公示期满后，房地产价格评估机构应当向房屋征收部门提供委托评估范围内被征收房屋的整体评估报告和分户评估报告。房屋征收部门应当向被征收人转交分户评估报告。

未经行政裁决，房子能否被强制拆迁

【案例】

因旧城改造，罗某的房子被划定在拆迁范围内。拆迁人就拆迁补偿安置事项与罗某有过多次协商，但因罗某家人口较多，拆迁人给出的补偿安置条件不太理想，所以就一直没有签订拆迁补偿安置协议。拆迁人已经向房屋拆迁管理部门申请了行政裁决。在行政裁决没有作出的情况下，房子能否被强制拆迁？

【法律解析】

不能。拆迁裁决是强制拆迁的前置程序，必须先有拆迁行政裁决，才能进行强制拆迁。强制拆迁是拆迁裁决没有得到执行情况下采取的措施，是执行裁决的一个重要措施。

【法条链接】

《城市房屋拆迁行政裁决工作规程》第十八条 房屋拆迁管理部门申请行政强制拆迁前，应当邀请有关管理部门、拆迁当事人代表以及具有社会公信力的代表等，对行政强制拆迁的依据、程序、补偿安置标准的测算依据等内容，进行听证。

房屋拆迁管理部门申请行政强制拆迁，必须经领导班子集体讨论决定后，方可向政府提出行政强制拆迁申请。未经行政裁决，不得实施行政强制拆迁。

达不成拆迁补偿安置协议怎么办

【案例】

宋某承租了一套街面房经营日用百货。在租赁期间，此房子要进行拆迁，房主在宋某不知情的情况下和拆迁人达成了拆迁安置补偿协议。宋某认为房主和拆迁人侵犯了自己的合法权益，不同意他们达成的拆迁安置补偿协议，向法院起诉，他可以这样做吗？

【法律解析】

宋某应当先申请房屋拆迁管理部门裁决，对裁决不服的，才可以自裁决书送达之日起3个月内向人民法院起诉。

【法条链接】

《城市房屋拆迁管理条例》第十六条 拆迁人与被拆迁人或者拆迁人、被拆迁人与房屋承租人达不成拆迁补偿安置协议的，经当事人申请，由房屋拆迁管理部门裁决。房屋拆迁管理部门是被拆迁人的，由同级人民政府裁决。裁决应当自收到申请之日起30日内作出。

当事人对裁决不服的，可以自裁决书送达之日起3个月内向人民法院起诉。拆迁人依照本条例规定已对被拆迁人给予货币补偿或者提供拆迁安置用房、周转用房的，诉讼期间不停止拆迁的执行。

被拆迁人能否选择产权置换

【案例】

曹某的营业房被拆迁（有合法产权证），拆迁人决定以货币补偿。曹某不想接受补偿，要求按《城市房屋拆迁管理条例》给予产权调换。可是拆迁人说拆迁后修建的商住楼由一家大型商场统一经营，不宜交换。经房屋土地管理局裁决：拆迁人一次性补偿拆迁款10万元。那么，被拆迁人能选择产权调换吗？

【法律解析】

可以。根据法律规定，有两种情况被拆迁人不能选择拆迁补偿方式：1.拆迁非公益事业房屋的附属物，不作产权调换，由拆迁人给予货币补偿；2.被拆迁人与房屋承租人对解除租赁关系达不成协议的，拆迁人应当对被拆迁人实行房屋产权调换。

【法条链接】

《城市房屋拆迁管理条例》第二十五条 实行房屋产权调换的，拆迁人与被拆迁人应当依照本条例第二十四条的规定，计算被拆迁房屋的补偿金额和所调换房屋的价格，结清产权调换的差价。

拆迁非公益事业房屋的附属物，不作产权调换，由拆迁人给予货币补偿。

第二十七条 拆迁租赁房屋，被拆迁人与房屋承租人解除租赁关系的，或者被拆迁人对房屋承租人进行安置的，拆迁人对被拆迁人给予补偿。

被拆迁人与房屋承租人对解除租赁关系达不成协议的，拆迁人应当对被拆迁人实行房屋产权调换。产权调换的房屋由原房屋承租人承租，被拆迁人应当与原房屋承租人重新订立房屋租赁合同。

租房期间遇到拆迁能否撤销合同

【案例】

2008年3月，尤某租了一家门面房准备开理发店，租期2年。但是尤某花了2万元装修后，刚开张不到1周，就有人在尤某店铺外墙上写了个"拆"字。于是尤某找到房东要求终止租房合同并赔偿尤某的装修费，房东却说他也不知道房子要被拆，可是听其他人说早就下过通知。尤某是否有权撤销该合同？

【法律解析】

尤某有权撤销合同。尤某可以到拆迁办取证，如果有证据证明房东早已经接到过拆迁通知，在明知房屋将要拆迁时，为了达到订立合同目的，故意隐瞒事实真相，与尤某签订租赁合同，则属于欺诈。

【法条链接】

《合同法》第五十四条　下列合同，当事人一方有权请求人民法院或者仲裁机构变更或者撤销：

（一）因重大误解订立的；

（二）在订立合同时显失公平的。

一方以欺诈、胁迫的手段或者乘人之危，使对方在违背真实意思的情况下订立的合同，受损害方有权请求人民法院或者仲裁机构变更或者撤销。

当事人请求变更的，人民法院或者仲裁机构不得撤销。

拆迁造成承租人的损失由谁来赔偿

【案例】

2008年12月30日，朱某与某公司签订合同，租赁其房屋经营餐饮业，合同每年一签，到期可续签。签订合同后朱某开始装修房屋，到2009年1月20日共投资6万元，可是后来朱某听说此房要拆迁。如果拆迁，朱某的损失由谁来赔偿？

【法律解析】

对于朱某的装修损失，租赁合同中有约定按约定处理，没有约定的，可以在拆迁人与被拆迁人签订拆迁补偿协议时一并提出，协商解决。

【法条链接】

《城市房屋拆迁管理条例》第二十七条　拆迁租赁房屋，被拆迁人与房屋承租人解除租赁关系的，或者被拆迁人对房屋承租人进行安置的，拆迁人对被拆迁人给予补偿。

被拆迁人与房屋承租人对解除租赁关系达不成协议的，拆迁人应当对被拆迁人实行房屋产权调换。产权调换的房屋由原房屋承租人承租，被拆迁人应当与原房屋承租人重新订立房屋租赁合同。

车的购买与维修

修理机动车不当出了问题，可以要求无偿返修吗

【案例】

严某的出租车出现机械故障，经修理厂检查是化油器老化需要更换。修理厂的老板问严某是更换好一点的还是一般的，并告诉严某一般的没有保修期，严某同意换一般的。刚换上不足3天化油器就又坏了。于是严某找到修理厂要求返修，但修理厂的老板却以当时有约定为由不予理睬。那么，严某可否要求修理厂进行无偿返修？

【法律解析】

严某可以要求修理厂无偿返修。根据相关法律规定，不管修理厂对严某出租车进行的是何种级别的维护，其质量保证期最短也是10天。可是严某的车辆在修理后不足3天就出现了维修质量问题，所以，修理厂应该对其进行无偿维修。

【法条链接】

《机动车维修管理规定》第三十六条 机动车维修实行竣工出厂质量保证期制度。

汽车和危险货物运输车辆整车修理或总成修理质量保证期为车辆行驶20000公里或者100日；二级维护质量保证期为车辆行驶5000公里或者30日；一级维护、小修及专项修理质量保证期为车辆行驶2000公里或者10日。

……

第三十七条第一款 在质量保证期和承诺的质量保证期内，因维修质量原因造成机动车无法正常使用，且承修方在3日内不能或者无法提供因非维修原因而造成机动车无法使用的相关证据的，机动车维修经营者应当及时无偿返修，不得故意拖延或者无理拒绝。

刚提的新车有损伤能否要求更换

【案例】

施某于2008年7月在某汽车经销处购得新车一辆。当年8月，施某发现车门上有一道明显的裂纹。经维修中心认定，车门是出厂后受损并重新喷漆的。施某找到经销商，以车存在质量问题要求更换新车，而经销商则称车门

有损伤，并不能认定车的其他部件也有问题，只同意维修而不同意更换或退款。施某该如何维权呢？

【法律解析】

施某可以要求经销商给其更换。我国法律规定，销售者不得以不合格产品冒充合格产品。本案中的经销商将经过喷漆的不合格产品冒充合格产品卖给施某，其行为已经构成以欺诈手段签订合同，所以，该合同无效。

【法条链接】

《合同法》第五十二条　有下列情形之一的，合同无效：

（一）一方以欺诈、胁迫的手段订立合同，损害国家利益；

（二）恶意串通，损害国家、集体或者第三人利益；

（三）以合法形式掩盖非法目的；

（四）损害社会公共利益；

（五）违反法律、行政法规的强制性规定。

第一百一十一条　质量不符合约定的，应当按照当事人的约定承担违约责任。对违约责任没有约定或者约定不明确，依照本法第六十一条的规定仍不能确定的，受损害方根据标的的性质以及损失的大小，可以合理选择要求对方承担修理、更换、重作、退货、减少价款或者报酬等违约责任。

没有按时换证，车管部门就可以进行注销吗

【案例】

华某是一名机动车驾驶员。一日，他在接受执勤交警例行检查时被告知，因为没有按时申请换证，他的机动车驾驶证已被当地车辆管理所注销了。交警以无证驾驶为由对华某进行了处罚。华某没有及时去换证，车管部门就可以进行注销吗？

【法律解析】

在我国，机动车驾驶证有不同的有效期限，机动车驾驶人应当在机动车驾驶证有效期满前的90日内向机动车驾驶证核发地或者核发地以外的车辆管理所申请换证，未按时申请换证的机动车驾驶人，必须承担相应的法律后果。机动车驾驶人超过机动车驾驶证有效期1年以上未换证的，驾驶证核发地车辆管理所可以依法注销其机动车驾驶证。所以，华某不管是什么理由没有按时换证，

只要是超过了有效期满1年以上，车管部门就可以注销他的机动车驾驶证。

【法条链接】

《机动车驾驶证申领和使用规定》第五十七条第一款　机动车驾驶人应当于机动车驾驶证有效期满前九十日内，向机动车驾驶证核发地或者核发地以外的车辆管理所申请换证。

第七十七条第一款　机动车驾驶人具有下列情形之一的，车辆管理所应当注销其机动车驾驶证：

……

（七）超过机动车驾驶证有效期一年以上未换证的；

……

销售商违约，消费者能否要求双倍返还定金

【案例】

2008年2月，金某与某汽车销售商签订了新车订购合同，并交付了定金。约定交车时间为2008年4月，如果因金某自身原因要求变更或取消购车，定金不予退还。当年3月，汽车销售商称国家消费税上调，汽车也随之涨价。金某未予同意，并要求汽车销售商承担违约责任，双倍返还定金。金某的主张能否得到法院的支持？

【法律解析】

能够得到法院的支持。我国法律规定，当事人一方明确表示或者以自己的行为表明不履行合同义务的，对方可以在履行期限届满之前要求其承担违约责任。本案中，汽车销售商在合同履行期届满前单方提高车辆价格，其明确表示将不按合同约定的价款履行义务，已构成了违约，应当承担违约责任。

【法条链接】

《合同法》第一百零八条　当事人一方明确表示或者以自己的行为表明不履行合同义务的，对方可以在履行期限届满之前要求其承担违约责任。

第一百一十五条　当事人可以依照《中华人民共和国担保法》约定一方向对方给付定金作为债权的担保。债务人履行债务后，定金应当抵作价款或者收回。给付定金的一方不履行约定的债务的，无权要求返还定金；收受定金的一

方不履行约定的债务的，应当双倍返还定金。

买了未付清车款的车辆怎么办

【案例】

陶某将自己的一辆运输车卖予戚某，戚某付了一半款额，给陶某出具一张欠条，并注明了还款时间，双方未办理车辆过户手续。此后，戚某将车卖给王某，双方在买卖手续中注明车牌号码，并保证该车所有遗留问题由戚某承担。后来，因戚某迟迟未支付陶某剩余车款，陶某将车从王某处开走。那么王某该怎么办呢？

【法律解析】

王某应当要求戚某返还购车款。作为买方的王某虽然给付了车款，而戚某也向其交付了车辆，但戚某在取得出卖汽车的权利上本身存在瑕疵，故意隐瞒了还欠陶某车款的实际情况，已经构成了违约。其行为明显具有欺诈性质。

【法条链接】

《合同法》第五十二条 有下列情形之一的，合同无效：

（一）一方以欺诈、胁迫的手段订立合同，损害国家利益；

（二）恶意串通，损害国家、集体或者第三人利益；

（三）以合法形式掩盖非法目的；

（四）损害社会公共利益；

（五）违反法律、行政法规的强制性规定。

《道路交通安全法》第十二条 有下列情形之一的，应当办理相应的登记：

（一）机动车所有权发生转移的；

（二）机动车登记内容变更的；

（三）机动车用作抵押的；

（四）机动车报废的。

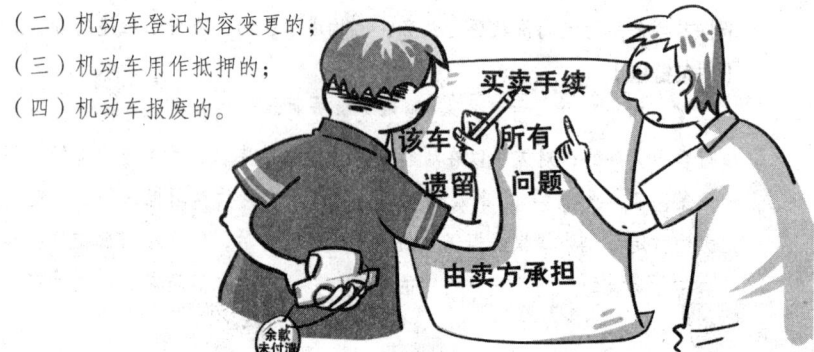